구원, 그리스도의 선물

- 언약과 예정으로 살펴본 구원의 은혜 -

이 책은 타 출판사에서 출간되었던
『예정과 언약으로 읽는 그리스도의 구원』을
개정증보하여 새롭게 펴낸 책입니다.

다함

도서출판 **다함**은

1. **다**윗과 아브라**함**의 자손

아브라함과 다윗의 자손으로, 하나님 구원의 언약 안에 있는 택함 받은 하나님 나라 백성을 뜻합니다.

2. 마음과 뜻과 힘을 **다하여** 하나님을 사랑하라

구약의 언약 백성 이스라엘에게 주신 명령(신 6:5)을 인용하여 예수님이 가르쳐 주신 새 계명
(마 22:37, 막 12:30, 눅 10:27)대로 마음과 뜻과 힘을 다해 하나님을 사랑하겠노라는 결단과 고백입니다.

사명선언문

1. 성경을 영원불변하고 정확무오한 하나님의 말씀으로 믿으며, 모든 것의 기준이 되는 유일한 진리로 인정하겠습니다.
2. 수천 년 주님의 교회의 역사 가운데 찬란하게 드러난 하나님의 한결같은 다스림과 빛나는 영광을 드러내겠습니다.
3. 교회에 유익이 되고 성도에 덕을 끼치기 위해, 거룩한 진리를 사랑과 겸손에 담아 말하겠습니다.
4. 하나님 앞에서 부끄럽지 않도록 항상 정직하고 성실하겠습니다.

구원, 그리스도의 선물

언약과 예정으로 살펴본 구원의 은혜

초판 1쇄 인쇄 2023년 06월 19일
초판 1쇄 발행 2023년 07월 03일

지은이 | 우병훈

디자인 | 장아연
펴낸이 | 이웅석
펴낸곳 | 도서출판 다함
등 록 | 제2018-000005호
주 소 | 경기도 군포시 산본로 323번길 20-33, 701-3호(산본동, 대원프라자빌딩)
전 화 | 031-391-2137
팩 스 | 050-7593-3175
블로그 | https://blog.naver.com/dahambooks
이메일 | dahambooks@gmail.com

ISBN 979-11-90584-77-7 [04230] | 979-11-90584-64-7 [세트]

종교개혁 신학 02

구원, 그리스도의 선물

언약과 예정으로 살펴본 구원의 은혜

우병훈

다함
도서출판

목차

동시대 모든 복음의 사역자들에게 감사하며
이 책을 바칩니다.

참신함을 추구하면 이단이 됩니다. 특히 신자의 뿌리가 되는 구원론은 더욱더 참신함을 추구하면 안 됩니다. 참신함만을 추구하면 율법주의, 신율법주의, 반율법주의, 무율법주의 구원론이 양산되기 때문입니다. 구원론은 성경과 전통이 말하는 바를 존중하며 하나님의 뜻을 겸비하게 찾는 작업이 선행되어야 합니다. 『구원, 그리스도의 선물』이 이 일의 모범입니다. 이 책은 그리스도의 삼중직, 예정, 언약, 견인 등의 핵심 주제들을 개혁파 구원론의 시각에서 유려하게 엮어낸 수작(秀作)입니다. 읽지 않을 이유를 전혀 찾아볼 수 없는 책입니다. 읽고 우리 구주 예수 그리스도께서 선물로 주신 구원의 은혜와 감격을 마음껏 누리시길 바랍니다.

박재은 교수 (총신대학교 신학과장, 조직신학)

결혼한지 얼마 되지 않은 부부들은 (종종 오래된 부부도) "도통 나는 내 배우자를 모르겠어."라고 푸념하기도 합니다. 그래서 많은 경우 대화와 섬김을 통해서 서로를 더 깊이 알아가야 할 필요가 생깁니다. 우리 구주 예수 그리스도와의 결혼 역시 마찬 가지입니다. 그분과 연합한 그리스도인들은 종종 자신의 신랑을 모릅니다. 그래서 그리스도인들은 자신이 결혼한 신랑이 자신을 사랑하기로 한 계획(예정)과 방식(언약)을 지속적으로 알아가야 할 필요가 있습니다. 본서는 교회의 신랑이 어떤 분인지, 그리고 그분이 어떻게 우리를 사랑하시는지를 말해줍니다. 그리고 그 신랑의 사랑 앞에서 교회는 어떻게 신랑을 섬겨야 하는지를 깨닫게 해줍니다. 특히나 예정 교리에 대해 궁금한 것이 많은 사람들에게 큰 도움이 될 것입니다. 모든 그리스도인이 숙독해 보기를 강하게 권하고 싶습니다!

이정규 목사 (시광교회)

"그리스도인"은 어떤 사람일까요? 우리나라의 기독교가 세상 사람들로부터 점점 더 비판을 받는 요즘 같은 시대에는 이 질문이 더욱 고민스러울 수밖에 없습니다. 그런데 저는 간단한 답변을 제시하려고 합니다. "그리스도인은 그리스도를 따라 사는 사람입니다."라고 말입니다.

"그렇다면, 그리스도는 누구십니까?"라고 물으시겠지요. 이에 대한 대답은 아마도 수백 가지, 수천 가지로 주어질 수 있을 것입니다. 하지만 이 책에서 제시하는 답변은 무척 간단합니다. "그리스도는 그 이름 그대로 '기름 부음을 받으신 분'이십니다."라는 대답입니다.

구약 시대에 하나님의 종들은 기름 부음을 받음과 동시에 직책과 사명을 부여받았습니다. 그들은 곧 왕, 제사장, 선지자로서, 하나님을 대신하는 사람들이었습니다. 하나님께서는 그렇게 "기름 부음 받은 자"(메시야)를 대리자로 세우셔서, 백성들을 통치하시고 구원하셨습니다. 그리고 하나님은 이 모든 날 마지막에, 자신의 아들을 "기름 부음 받은 자"(그리스도)로 세우셔서, 하나님께서 인류에게 주시고자 하셨던 그 온전한 구원을 베풀어 주셨습니다.

이 책의 첫 번째 장에서는 **"기름 부음을 받은 분이신 예수 그리스도의 왕직, 제사장직, 선지자직이라는 세 직분"**을 중심으로 하나님께서 주시는 구원의 의미가 무엇인지 살펴보려고 합니다. 그리스도께서 행하신 이 세 가지 직분을 우리가 곰곰이 살펴본다면, 동일하게 그 세 가지 직분을 행하도록 부르신 하나님의 뜻을 더욱 잘 알게 될 것입니다. 그리하여, 『하이델베르크 신앙고백』 제32문에서 말하듯이, 그리스도의 지체로서 그분의 기름 부음에 참여한 자가 된 우리 "그리스도인"이 세상 가운데 하나님께서 주신 소명을 어떻게 이뤄갈 수 있을지 다시 한번 깨닫게 될 것입니다.

이 책이 다루는 두 번째 장에서는 **"예정과 언약의 관계"**를 설명합니다. 그러면서 우리의 구원에 대해서 생각할 때 헷갈릴 수 있는 문제를 함께 고민해 보려고 합니다. 성경을 보면, 어떤 곳에서는 구원은 오로지 하나님의 은혜로 주어지는 것으로 묘사합니다(엡 2:8). 그래서 우리 인간들이 구원을 위해 할 수 있는 일은 아무것도 없는 것처럼 가르칩니다. 그런데 또 성경에서는, 우리가 두렵고 떨림 가운데 구원을 이뤄가야 한다고 말씀합니다(빌 2:12). 즉, 우리가 하나님의 말씀에 순종하여 살아가지 않으면 안 된다는 것입니다.

많은 사람들이 이러한 구원의 두 가지 면모가 서로 충돌한다고 생각했습니다. 교회의 역사 속에서는 이 두 가지 중에 한 쪽으로만 치우치는 이들이 많이 일어났습니다. 어떤 이들은 우리의 구원은 하나님의 작정 가운데 이뤄지는 것이기 때문에 오직 하나님의 뜻만이 중요하다고 주장했습니다. 또 다른 이들은 구원에 있어 우리 인간들의 의지가 매우 중요하다고 주장했습니다. 그런데 성경은 둘 다를 말하고 있고, 그 두 가지 전혀 충돌되지 않는 것으로 보고 있습니다.

저는 이것을 예정과 언약의 조화라는 관점에서 설명하고자합니다. 예정이란 하나님께서 우리 인간들의 구원을 위해서 영원 전에 작정하신 일입니다. 언약이란 하나님께서 인간의 구원을 위해 주신 약속으로, 그 약속에 신실하게 반응할 때 구원받는다는 내용을 담고 있습니다.

겉으로 보기에, 예정과 언약은 서로 충돌할 수도 있다는 생각이 듭니다. 예정론은 인간의 구원에 있어 오직 하나님만이 절대적으로 결정하시며 인간의 노력은 구원에 전혀 기여하지 못한다는 생각을 가르치는 것처럼 보입니다. 반대로, 언약론은 구원이란 하나님과 인간 사이의 관계에 근거하며, 인간이 성실하게 하나님의 말씀을 순종할 때 언약적 축복을 누릴 수 있다고 가르칩니다.

영국의 문필가 체스터튼은 "기독교는 서로 격렬하게 반대되는 것들을 능숙하게 연결시키는데, 둘 다를 놓치지 않고, 또한 둘 모두를 계속 격렬하게 만듦으로써 그렇게 한다."라고 말했습니다. 이 문제에 있어서도 역시 마찬가지입니다. 우리는 예정과 언약이 가진 진리를 둘 다 붙잡음으로써, 예정이 언약의 옷을 입고 나타나도록 하신 하나님의 뜻을 가장 잘 깨달을 수 있습니다.

"그리스도의 세 가지 직분" 그리고 "예정과 언약의 관계"라는 이 두 가지 주제를 가장 잘 다룬 신학이 개혁주의 신학입니다. 16세기와 17세기에 유럽의 각 도시마다 교회를 개혁하는 운동이 거대하게 일어났습니다. 이를 보통 종교개혁이라고 부르지요. 개혁 운동을 벌였던 다양한 그룹들이 있었는데, 그중에 국가적 차원에서 작성된 개혁주의 신조에 서명한 신학자와 목회자들만 해도 2천6백 명 넘게 있었습니다.[1] 우리는 이들과 그

---

1 이 신조들은 칼뱅이 작성한 35개 신조에 근거한 스위스의 『갈리아 신조(Gallican Confession, 1559)』, 존 낙스의 주도로 작성된 『스코틀랜드 신조(Scots Confession, 1560)』, 네덜란드의 귀도 드 브레가 주로 작성한 『벨직 신앙고백서(Belgic Confession, 1561)』, 영국의 『39개 신조(Thirty-Nine Articles, 1563)』, 우르시누스가 주로 작성한 독일의 『하이델베르크 교리문답(Heidelberg Catechism, 1563)』, 네덜란드의 『도르트 신조(Canons of Dort, 1618-19)』, 『웨스트민스터 신앙고백서(Westminster Confession, 1646)』, 불링거가 작성한 『제 2차 스위스 신조(Second Helvetic Confession, 1562)』 등입니다. 2,682명 이상이 되는 개혁신학자들과 목회자들의

들의 지도하에 교회를 세워갔던 성도들을, 종교개혁 시대와 그 직후 세대의 개혁주의자들이라고 부를 수 있습니다. 그리고 몇 세기가 지난 지금도 여전히, 그들의 전통을 이어가면서 개혁주의 신조를 고백하며 성경적인 교회를 세워가는 사람들을 개혁주의자들이라고 일컬을 수 있습니다. 한국에서는 많은 개신교 회들이 이 개혁주의의 노선을 따르고 있습니다.[2]

역사적 개혁주의는 2천 년 신학의 역사에서 아주 큰 공헌을 많이 남겼습니다. 특별히 개혁주의는 구원론에 있어서 튼튼한 기초를 제공했습니다. 개혁주의자들은 그리스도의 세 가지 직분을 잘 설명함으로써, 구원이 무엇인가를 성경적으로 풍성하게 설명했습니다. 그리고 그들은 그것을 우리 성도들의 개인적이고 가정적이고 사회적인 삶의 현장 가운데 적용하고자 했습니다.

또한 개혁주의 신학자들은 예정과 언약의 관계를 조화롭게 연결시켰습니다. 그들은 예정에서 하나님의 절대적 주권을 보

명단은 아래 사이트를 참조하세요. http://www.prdl.org/authors.php?tradition=Reformed

2 성경과 교부신학과 개혁신학에 근거하여 교회론을 제시한 아래 책을 참조하시기 바랍니다. 우병훈, 『교회를 아는 지식』(서울: 복있는사람, 2022).

았고, 언약에서 인간의 신실한 책임성을 보았습니다. 그리하여 하나님을 더욱 신뢰하는 사람일수록, 자신의 구원을 이뤄가기 위해 더더욱 열심히 은혜의 방편(말씀, 성례, 기도 등)을 사용하며 애쓴다는 사실을 보여주었습니다. 예정과 언약에 대한 이해는 우리 신자들이 올바르고 열심 있고 균형 잡힌 신앙생활을 하도록 도와줍니다. 저는 첫 번째 장과 두 번째 장에서 이러한 내용을 자세히 설명할 것입니다.

세 번째 장의 글은 **"칼뱅과 바빙크의 신학에서 예정론과 언약론이 어떻게 서로 연결되는지"**를 다루고 있습니다. 칼뱅(1509-1564)과 바빙크(1854-1921)는 350년가량의 시간차가 있지만, 두 사람 모두 당대의 가장 탁월한 개혁주의 신학자들이었습니다. 이들은 개혁주의 예정론과 언약론을 잘 설명했습니다. 칼뱅과 바빙크 둘 다, 모든 언약은 은혜 언약이라고 주장합니다. 오직 하나님의 은혜가 기반이 되어서 언약적 삶이 시작될 수도 있고, 지속될 수도 있기 때문입니다. 그런데, 칼뱅과 바빙크 두 사람 모두, 언약이 실행되는 데는 인간의 책임과 순종이 중요하다고 주장합니다. 언약에서 하나님의 주권과 인간의 자유가 만나는 것을 보았던 것입니다.

하나님의 예정이 언약의 옷을 입고 나타나는 것으로 파악했던 칼뱅과 바빙크의 개혁신학은, 하나님의 작정이 우리의 언약적 삶 전체를 은혜로 주어진 선물이자 사명으로 보도록 격려합니다.

　네 번째 장에서는 **"구원에서 탈락하는 것이 가능한가?"**라는 주제를 다뤘습니다. 성경에는 한 번 받은 구원은 영원하다고 가르치는 구절들이 나옵니다. 그런데 그와 동시에 성경에는 마치 구원에서 탈락 가능한 것처럼 말하는 구절들이 있습니다. 이 두 가지 구절들을 어떻게 모순 없이 이해할 수 있을까요? 어떤 분들은 둘 다 성경에 나오는 말씀들이니 인간의 생각에서는 모순처럼 보이더라도 그냥 둘 다 인정하자고 말합니다. 저는 그런 견해를 "아르뱅주의"라고 이름 붙였습니다. 하지만 "아르뱅주의"는 전혀 성경적 지지를 받지 못합니다. 저는 겉보기에는 모순처럼 보이는 이 두 측면을 하나님의 주권적 은혜를 강조하면서 가장 조화롭게 이해하는 길을 제시하고자 했습니다.

　다섯 번째 장에서는 **"질문과 답변"** 코너를 넣었습니다. 이 주제와 관련하여 가장 자주 묻게 되는 질문들을 다시 한번 설명하여 헷갈리기 쉬운 점들이 잘 이해되도록 해 놓았습니다. 이 부분을 읽어보시면, 인간의 자유의지와 하나님의 뜻이 어떻게 조화롭게 연결될 수 있는지 깨닫게 될 것입니다.

　마지막으로, **"참고문헌"**을 통해서 이 주제와 관련하여 더욱 깊이 묵상하고자 하는 분들이 도움받도록 했습니다.

　부족한 저에게 글쓰기는 빚을 갚는 일과 같아서, 단 한 문장도 누구에게 신세 지지 않고는 쓸 수 없습니다. 글을 쓸 때 다른 사람의 사상에 기대어 글을 쓰며, 경제적으로 누군가의 도움을 받고 쓰고, 가족들의 희생과 헌신의 덕을 입고 쓰기 때문입니다. 그래서 감사할 분은 너무 많습니다. 저를 위해 늘 기도해 주시는 어머니와 아내, 그리고 필요한 것을 많이 채워주시는 장모님께 감사합니다. 바쁜 아빠를 응원해 주는 아들과 딸에게 감사합니다. 자주 대화를 나누는 이정규 목사님, 배정훈 교수님, 박창원 목사님, 박재은 교수님, 강화구 박사님, 조윤호 박사님, 김석홍 목사님, 강신승 목사님, 황청명 목사님께 감사드립니다. 무엇보다 힘든 시기에 복음의 진리를 붙잡고 함께 전진해 나가는 많은 동역자분들께 감사합니다.

이 책을 읽으시는 모든 분들께서 그리스도께서 주시는 구원의 의미를 더욱 풍성하게 깨닫고 누리시기를 소망합니다.

2023년 6월
사직동에서
저자 우병훈

제 1 장

구원에 관한 세 가지 모델과
그리스도의 세 직분

구원에 관한 세 가지 모델과 그리스도의 세 직분

1장에서는 구원에 대한 세 가지 모델들을 다룹니다. 첫 번째 모델은 그리스도께서 사탄을 이기시고 승리하신 것이 구원이라고 설명합니다. 두 번째 모델은 우리가 죄를 지어 하나님의 영광을 손상시켰고 죗값을 물어야 하는데 그리스도께서 순종과 십자가 희생으로 하나님의 영광을 회복시키고 죗값을 대신 치르신 것이 구원이라고 설명합니다. 세 번째 모델은 이 땅에서의 그리스도의 삶은 우리 그리스도인들에게 모범이 되며 우리는 그것을 뒤따름으로써 구원을 받는다고 설명합니다. 이세 가지 모델은 그리스도의 세 가지 직분, 즉 선지자, 왕, 제사장의 직분을 가지고 설명할 수 있습니다. 왕이신 그리스도는 사탄을 이기시고 승리하신 분이십니다. 제사장이신 그리스도는 자신을 희생 제사로 드려서 하나님과 우리를 화목하게 하셨습니다. 선지자이신 그리스도는 우리에게 올바른 삶의 길을 가르쳐 주십니다.

성경은 구원에 대해 다양한 비유와 그림을 제시하고 있습니다. 신학 역사에서도 다양한 구원론이 존재해 왔습니다.

1. 성경에 나오는 구원에 대한 다양한 그림

성경은 구원의 책입니다. 성경 전체에 걸쳐 구원이란 무엇인지, 어떻게 구원을 받을 수 있는지 하는 주제가 나오고 있습니다. 성경은 구원에 대한 다양한 설명을 제시합니다. 예를 들어 조엘 그린(Joel Green)과 마크 베이커(Mark Baker)는 당시 지중해 연안에 살던 사람들의 다섯 개의 삶의 장소와 연관시켜 그리스도의 구원의 의미를 요약했습니다. 먼저 구원은 법정에서 의롭다 함을 받는 것(칭의)과 같습니다. 또한 몸값을 주고 노예를 사서 해방시키는 것(속량)과 같습니다. 구원은 깨어진 관계를 서로 회복시키는 것(화목)입니다. 구원이란 하나님 앞에서 죄를 참회하고 예배 가운데 나아가는 것(희생 제사)입니다. 또한 하나님께서 사탄 마귀를 이기시고 영적 전쟁에서 승리하신 것(악에 대한 승리)을 뜻합니다.[1]

이 외에도 성경은 구원에 대해 매우 다양한 방식으로 설명합니다. 어떤 신학자는 신약 성경만 해도, 그리스도의 구원에 대해 다음과 같이 열 가지가 넘는 그림으로 설명하고 있다고 말

---

1 Joel Green and Mark Baker, *Recovering the Scandal of the Cross* (Downers Grove, Ill.: InterVarsity, 2000), 23.

합니다.

첫째는 싸움과 승리와 해방입니다. 그리스도께서는 사탄과 악의 세력과 싸워서 이기심으로써, 우리를 죄와 사망과 사탄의 권세로부터 해방시키셨습니다.

둘째는 대리적 고난입니다. 예수 그리스도는 우리의 모든 죄를 대신 짊어지시고 우리 대신 고난받으셨습니다. 그리하여 우리를 구원하셨습니다.

셋째는 모형과 원형입니다. 그리스도는 구약에 나타난 제사장, 선지자, 왕의 원형이 되십니다. 그리스도는 구약에 모형으로 나타난 구원의 수단(예, 방주)을 최종적으로 완성시키신 구원자이십니다. 그리스도는 맏아들이시며 우리의 형제가 되십니다.

넷째는 선한 명분을 위한 죽음입니다. 죄 없으신 그리스도께서 우리를 대신하여 죽으심으로써 많은 사람이 생명을 얻게 되었습니다.

다섯째는 희생 제사입니다. 구약의 희생제물은 제한적이었습니다. 하지만 이제 온전한 제물이 되신 그리스도께서 자신을 드리심으로써 영단번에 제사를 드리셨습니다.

여섯째는 하나님의 분노의 해결입니다. 하나님은 공의로우시고 거룩하신 분입니다. 그렇기에 인간이 죄를 지을 때 하나님은 분노하십니다. 그리스도께서는 자신의 순종과 죽음을 통하여 하나님의 공의를 만족시키셨습니다. 그리하여 하나님과 인간 사이의 관계를 회복시키셨습니다.

일곱째는 속량입니다. 속량이란 값을 주고 노예를 사는 것입니다. 그리스도께서는 노예였던 우리를 자신의 피로 사시고 구원하셨습니다.

여덟째는 화해입니다. 죄는 하나님과 사람 사이의 관계, 사람과 사람 사이의 관계, 사람과 피조물과의 관계, 그리고 나 자신과의 관계를 갈라놓습니다. 그리스도는 이러한 깨어지고 망가지고 왜곡된 관계를 회복시키는 화해의 사역을 행하십니다.

아홉째는 칭의입니다. 우리는 믿음으로 예수 그리스도와 연합함으로써 그리스도의 의를 덧입는 자가 되었습니다. 그리고 의롭다 함을 받은 자는 성령의 능력 가운데 성화의 삶을 걸어가게 됩니다.

열 번째는 양자 양녀 삼음입니다. 우리는 그리스도와 연합함으로써 하나님의 자녀가 되었습니다. 이 땅에 하나님의 독생자로 오신 그리스도는 구원 사역을 마치시고 승천하실 때는 많은 형제자매를 가지신 맏아들로 올라가셨습니다.[2]

---

2 John Driver, *Understanding the Atonement for the Mission of the Church* (Scottdale, PA: Herald Press,

신학의 역사에서도 마찬가지로 다양한 구원론이 제시되었습니다. 이미 교부 시대에서부터 구원론에 대한 여러 가지 설명이 제시됩니다.[3] 이레나이우스(2세기-약 202년경 사망)에게 구원이란 "그리스도의 다시 머리 되심"(re-capit-ulatio)이었습니다. 그는 아담과 그리스도를 서로 병행시켜서, 첫째 아담의 타락한 역사를 둘째 아담이신 그리스도께서 다시 새롭게 하시기 위해서 첫째 아담의 역사를 재현하셨다고 했습니다. 그리하여 그리스도는 다시금 온 인류와 세상의 참된 머리가 되셨습니다.[4] 아우구스티누스(354-430)에게 구원이란 하나님을 사랑하는 것(amare Deum)이었습니다. 그렇기에 그에게 "전도"는 하나님

1986). 영어로는 다음과 같습니다. 1. 싸움과 승리와 해방(conflict/victory/liberation); 2. 대리적 고난(vicarious suffering); 3. 원형과 모형(archetypal-representative man, pioneer, forerunner, firstborn); 4. 순교(martyr); 5. 희생제사(sacrifice); 6. 하나님의 분노의 해결(expiation/wrath of God); 7. 속량(redemption); 8. 화해(reconciliation); 9. 칭의(justification); 10. 양자 양녀 삼음(adoption-family).

3 교부시대의 구원론에 대해서는 Joseph F. Mitros, "Patristic Views of Christ's Salvific Work," Thought 42 (1967): 415-47과 Garry J. Willams, "Penal Substitutionary Atonement in the Church Fathers," *Evangelical Quarterly* 83, no. 3 (2011): 195-216을 보십시오.

4 J. N. D. 켈리, 『고대 기독교 교리사』, 박희석 옮김 (서울: 크리스천다이제스트, 2004), 189.

을 사랑하도록 설득하는 것을 뜻했습니다(『신국론』 19.14).[5] 카파도키아 세 신학자들 가운데 닛사의 그레고리우스(약 335-394)에게는 구원이 그리스도께서 사탄과의 전쟁에서 승리하시는 것(Christus Victor)이었습니다. 여러 동방 교부들에게 구원은 "신품화"(神品化; theosis, theopoiesis; deificatio)되는 것이었습니다. "신품화"란 베드로후서 1장 4절에서 말하듯이, 세상에서 썩어질 것을 피하여 하나님의 신성한 성품에 참여하는 것을 뜻합니다.

중세의 위대한 신학자인 안셀무스(1033-1109)에게 구원이란 하나님의 불명예를 훼손한 무한한 빚(debitum)을 신-인(Deus-Homo, 참 하나님이자 참 사람)이신 그리스도께서 대신 갚아 주시는 것이었습니다. 토마스 아퀴나스(1224/5-1274)에게는 구원이 결국 모든 진리의 빛의 근원이 되시는 하나님을 보는 것(beatific visio Dei)이었습니다.[6]

---

5 여기서 아우구스티누스는 모든 성도들은 순례자인데, 그들의 의무 중에 가장 큰 것은 하나님과 이웃을 사랑하는 것이며, 이웃을 향한 사랑 가운데 가장 중요한 것은 무엇보다 하나님을 사랑하도록 설득하는 것(proximo ad diligendum Deum consulat)이라고 했습니다.

6 Suzanne McDonald, "Beholding the Glory of God in the Face of Jesus Christ: John Owen and the 'Reforming' of the

많은 종교개혁자들은 위의 내용들을 무시하지는 않았지만, 특별히 구원이 죄 용서와 칭의와 성화를 뜻하는 것(iustificatio et sanctificatio)임을 강조했습니다.

이렇게 구원에 대한 다양한 설명 방법이 있는 것은 성경이 말하는 하나님의 구원이 그만큼 포괄적이고 풍성한 의미를 갖고 있기 때문입니다. 위에서 제시된 모든 비유와 상징과 그림들이 모두 다 성경에 나옵니다. 예를 들어, 로마서 3장 23-24절은 이렇게 구원을 설명합니다.

> 모든 사람이 죄를 범하였으매 하나님의 영광에 이르지 못하더니, 그리스도 예수 안에 있는 속량으로 말미암아 하나님의 은혜로 값없이 의롭다 하심을 얻은 자 되었느니라
>
> (롬 3:23-24)

여기서 "속량"(贖良, redemption) 또는 "구속"(救贖)은 노예를 사기 위해 지불하는 돈을 말합니다. 예를 들어, 일가족이 전

Beatific Vision," Kelly Kapic & Mark Jones, eds., *The Ashgate Research Companion to John Owen* (Ashgate, 2012)를 보면, 토마스 아퀴나스를 비롯한 중세의 "하나님을 직관함"(visio Dei)에 대한 교리를 존 오웬이 개혁주의 신학에서 어떻게 전유하고 있는지를 볼 수 있습니다.

구원, 그리스도의 선물

쟁 중에 포로가 되어 노예 시장에서 각기 따로 팔려갈 위기에
처했다고 생각해 봅시다. 아버지는 이 사람에게 팔려가고, 어머
니는 저 사람에게 팔려가고, 어린 아들과 딸은 또 다른 사람에
게 팔려간다면, 그들이 겪을 고통은 이루 말할 수 없이 클 것입
니다. 그때 어떤 자비로운 사람이 와서 그 가족들을 다 값을 주
고 사서는 그 자리에서 해방시켜준다면 얼마나 기쁘겠습니까!
마치 그와 같이 예수 그리스도께서는 우리를 죄와 사탄의 종노
릇하는 데서 해방시켜 주셨습니다.

성경이 이렇게 다양한 구원의 설명을 제공하는 데에는 이유
가 있습니다. 우리가 구원을 어떻게 이해하는가에 따라서 구원
받은 이후의 삶을 어떻게 살아가는지가 달라지기 때문입니다.
구원을 더욱 잘 이해하고 누릴 수 있도록 하나님께서 제공하신
그 풍부한 비유와 상징들을 잘 이해한다면 우리의 신앙생활 역
시 더욱 풍성해집니다.

구원에 대한 다양한 설명들 가운데 대표적인 세 가지 모델들
이 있습니다. 교회 역사 가운데 주로 이 세 가지 모델을 가지고
사람들을 그리스도께서 주시는 구원에 대해 설명해 왔습니다.

2. 구원에 대한 세 가지 대표적인 설명 방식

구원에 대해 위와 같이 혹은 다섯 가지, 혹은 열 가지 이상의

다양한 설명 방식이 있을 수 있지만, 교회 역사 가운데 주로 많이 가르쳐진 것은 세 가지 모델이었습니다. 이 세 가지 모델은 모두 성경에서 가장 많이 나오는 구원에 관한 말씀들을 기초로 형성된 것입니다.[7]

첫 번째 모델 - 승리자 그리스도 이론

첫 번째 모델은 "사탄"에 주목합니다. 이 모델은 "고전적 모델"로 불리는데, 초대 교회에서 매우 유행했던 설명이었기 때문입니다. 또한 "승리자 그리스도 이론"으로도 불리는데, 사탄에 대한 그리스도의 승리를 강조하기에 그렇습니다.

성경은 여러 곳에서 인간이 죄와 사탄의 지배 아래 있다고 말합니다. 사복음서를 보면 귀신 들린 자들이 많이 나와서 예수님께 고침을 받습니다(눅 13:10-16). 예수님은 성령과 능력으로 마귀에게 눌린 모든 사람을 고치셨습니다(행 10:38). 예수님께서 세상에 오신 것은 사탄 마귀로부터 우리 인간들을 해방시

---

7 이 이론들에 대한 설명과 현대 학자들의 옹호에 대해서는 아래 책을 참조하세요. James Beilby and Paul Eddy eds., *The Nature of the Atonement: Four Views* (Downers Grove, IL: IVP Academic, 2006).

켜 주시기 위해서입니다(딤후 2:26; 히 2:14-15).[8] 인간이 이렇게 사탄의 종이 된 것은 최초의 부부인 아담과 하와가 사탄의 꾐에 빠져 죄를 지었기 때문입니다(행 8:23; 롬 6; 7:14-25; 8:2). 그래서 예수님은 죄를 짓는 자마다 죄의 종이라고 하셨습니다(요 8:34). 인간이 절대로 해결할 수 없는 문제가 있는데 그것은 죽음입니다. 모든 인간은 죽음의 지배를 받고 있다고 볼 수 있습니다. 그런데 사실 죽음은 다름 아닌 죄 때문에 이 땅에 들어온 것입니다(롬 6:23; 고전 15:56; 히 2:15).

그것은 하나님의 의로운 법이 그렇게 명해 놓았기 때문입니다. 하나님은 아담과 하와에게 선악과를 먹지 말라고 하셨고, 그것을 먹으면 반드시 죽으리라고 말씀하셨습니다(창 2:16-17). 성경에서 인간이 율법의 종이 되었다는 말씀이 나오는데, 그것은 하나님의 말씀을 어겼기 때문에 그에 대해서 언약적 징벌을 받고 있다는 뜻입니다(롬 7:8-13; 고전 15:56; 갈 3:13). 이

---

8 이전의 주석들에서는 사탄을 쫓는 것을 다만 하나님 나라가 이 땅에 임하는 징표(sign)로써 예수님께서 보여주신 것이라 보는 경우가 많이 있었습니다. 하지만 그렇게만 보기에는 귀신 쫓는 일이 예수님의 사역에서 차지하는 비중이 아주 큽니다. 따라서 그 일은 하나님 나라가 임하는 징표인 동시에, 실제로 주님께서 사탄을 쫓아내고 승리를 획득하시는 과정으로 봄이 바람직합니다.

처럼 죄를 지어 사탄의 포로가 된 인간을 구하기 위해 그리스도
께서 오셨습니다. 성경은 그리스도의 사역을 죄와 사탄에 대한
승리의 사역으로 묘사합니다(엡 4:8-10).

그런데 이 승리가 일어난 방식이 독특합니다. 그리스도께
서는 직접 사탄을 무찌르심으로써 사탄을 이기기도 하셨지만,
결정적으로는 인간을 대신한 "속전"으로 자기 자신을 사탄에게
내어주심으로써 사탄을 이기셨습니다(마 20:28; 막 10:45; 딤전
2:6). 자신을 사탄에게 무력하게 내어주신 것이 어떻게 하여 오
히려 승리를 얻게 되는 방법이 될까요?

이에 대해서 여러 교부들이 나름대로 설명을 제시했습니
다.[9] 교부들마다 조금씩 다른 설명을 내놓았지만, 대체적으로
는 이렇게 설명했습니다. 사탄이 그리스도가 죄가 없으신 분이
신지 모른 채 잡아 죽였다는 것입니다. 바로 그러한 큰 불법을
행했기 때문에 하나님은 사탄을 벌하셨고, 그리스도께서 승리
하시게 되었다는 것입니다. 얼핏 들으면 아주 이상한 이론 같

---

9 이레나이우스가 이 이론의 기초적 형태를 제시했고,
오리게네스가 최초로 전체적인 설명을 제시했습니다.
닛사의 그레고리우스, 테르툴리아누스, 크리소스토무스,
아타나시우스, 아우구스티누스, 다마스쿠스의 요한네스
등도 이 이론을 설명했습니다.

구원, 그리스도의 선물

습니다만, 성경적 근거들이 있습니다. 예를 들어, 사도행전에서 베드로는, 유대인들이 예수님을 십자가에 못 박아 죽게 한 것은 그들이 알지 못해서 그랬다고 합니다(행 3:17). 사도 바울도 역시 동일한 말씀을 합니다.

> 이 지혜는 이 세대의 통치자들이 한 사람도 알지 못하였나니 만
> 일 알았더라면 영광의 주를 십자가에 못 박지 아니하였으리라
>
> (고전 2:8)

이처럼, 유대인들은 예수 그리스도가 누구신지 알지 못하고 죽였는데, 사탄도 역시 그러했다고 첫 번째 모델의 주창자들은 설명했던 것입니다. 인간을 꾀어 속인 사탄은 이제 그 자신이 속은 셈이고, 하나님의 공의에 의해서 심판을 받게 되었습니다. 그리고 자신을 속전으로 지불하신 그리스도는 하나님의 공의에 의해 부활하셨고, 그를 믿는 자들에게 사탄에 대한 승리를 안겨다 주시게 되었습니다.

구원에 대한 이 첫 번째 모델은 "인간이 사탄의 종노릇 하고 있다"라는 사실에 주목하여, 사탄에 대한 그리스도의 승리와 인간의 해방을 설명하고 있습니다. 이 모델은 초기의 많은 교부들이 지지했고, 재세례파 전통에서 많이 취했습니다. 그러나 이 이론은 몇 가지 약점이 있습니다. 가장 큰 약점은, 사탄을 너무 대단하게 본다는 것입니다. 성경은 하나님께서 사탄마저도 지배

하시고 있다고 말씀합니다. 그렇기 때문에 하나님께서 인간을 구원하시기 위해서 사탄에게 뭔가를 지불해야 한다는 것은 하나님의 주권을 약화시키는 것처럼 생각됩니다.[10] 두 번째 약점은, 이 이론은 마치 그리스도께서 사탄을 속이신 것처럼 생각된다는 것입니다. 즉, 그리스도께서는 자신의 무죄성을 끝까지 숨기시고, 사탄이 속아서 그리스도를 죽이도록 함으로써, 사탄을 궁지로 몰아넣었다는 것입니다.[11] 그리스도의 승리가 속임수에서 비롯된 것처럼 보이기에 이 모델은 비판을 받곤 했습니다.

두 번째 모델 - 속상론(贖償論)

첫 번째 모델이 지닌 약점들 때문에 사람들은 다른 설명 방식을 생각하기 시작했습니다. 그중에 대표적인 것이 "라틴 모

---

10 중세의 신학자 토마스 아퀴나스는 그리스도께서 속전을 지불하신 대상은 사탄이 아니라 하나님이었다고 했습니다. 『신학대전』, IIIa q. 48 a. 4.

11 이것은 마치 그리스 신화에 나오는 트로이 목마와 같습니다. 트로이와의 오랜 전쟁이 결판나지 않자 그리스 군은 큰 목마를 만들어 그 안에 정예 부대를 숨기고 떠나는 척합니다. 트로이 군은 그것을 모른 채 목마를 성 안으로 끌어들입니다. 밤이 되자 목마 안에 있던 그리스 군이 나와서 트로이를 함락시킵니다. 호메로스, 『일리아스』, 천병희 옮김 (서울: 숲, 2007) 참조.

델" 또는 "속상론"(satisfaction theory)이라 불리는 이론입니다. "라틴 모델"이라 불리는 이유는 중세에 라틴어를 쓰는 서방 기독교에서 널리 알려진 모델이기 때문입니다. "속상론" 혹은 "만족설"(滿足說)이라 불리는 이유는, 그리스도께서 하신 일이 하나님의 공의를 만족시켜 드리는 것이라는 식으로 구원을 설명하기 때문입니다.

두 번째 모델은 "하나님"을 주목합니다. 하나님은 인간이 죄를 지었을 때 주님의 명예가 손상된 것으로 여기셨습니다. 죄는 하나님에 대한 반역이기 때문입니다. 실추된 하나님의 명예는 반드시 회복되어야 합니다. 인간이 그것을 회복시키지 못할 경우 인간은 하나님의 벌을 받아야 마땅합니다. 하나님께 빚진 것은 어떤 식으로든 반드시 갚아야 하기에 그렇습니다. 그런데 인간으로서는 그 죄에 대한 대가를 지불할 수 없습니다. 무한하신 하나님에 대한 죄는 무한히 큰데 반해서, 인간이 할 수 있는 일은 유한하기 때문입니다. 인간은 자기 죗값을 갚기는커녕, 오히려 날마다 자기 죄를 쌓아갈 뿐입니다. 인간은 다른 사람을 구원하는 일은 물론 할 수 없으며, 스스로도 구원할 수 없습니다.[12]

---

12 『하이델베르크 요리문답』, 제5주일의 문답 내용은 이런 교리를 아주 잘 요약해서 보여줍니다.

이제, 분노하신 하나님이 하실 수 있는 선택은 두 가지 중에 하나입니다. 인간을 무한한 형벌에 처하도록 하시든지, 아니면 하나님께서 직접 구원의 길을 보여주시는 것입니다.

하나님께서는 은혜롭게도 구원의 길을 제시하셨습니다. 아들이신 예수 그리스도를 내어주시기로 하신 것입니다. 그런데, 구원자는 반드시 하나님이자, 사람이어야 합니다. 구원자가 하

12문: 정의로우신 하나님의 심판에 따라 우리는 이 세상과 오는 세상에서 영원한 형벌을 받게 됩니다. 어떻게 하면 이 형벌도 피하고 다시 하나님의 사랑을 받을 수 있겠습니까?
답: 하나님은 자신의 정의가 만족되기를 원하십니다. 그러므로 우리 스스로나 다른 이가 그의 정의를 완전히 만족시켜 드려야 합니다.
13문: 우리 스스로 만족(satisfaction, 혹은 속상, 죗값)을 치를 수 있습니까?
답: 절대 없습니다. 사실, 우리는 날마다 죄를 더해가고 있을 뿐입니다.
14문: 그러면 다른 피조물이 우리를 대신해서 만족(혹은 속상, 죗값)을 치를 수 있습니까?
답: 없습니다. 우선은 하나님께서 인간의 죄 때문에 다른 피조물을 벌하시기를 원치 않으십니다. 더구나 어떠한 피조물도 죄에 대한 하나님의 영원한 진노를 감당할 수 없으며 다른 피조물을 구속할 수도 없습니다.
15문: 그렇다면 어떤 중보자와 구원자를 기대해야 합니까?
답: 그는 참 사람이면서, 진실로 의로우시고 모든 피조물보다 큰 능력을 소유하신 참 하나님이셔야 합니다.

구원, 그리스도의 선물

나님이어야 하는 까닭은 하나님만이 무한한 죗값(혹은 속상)을 치르실 수 있기 때문입니다. 구원자가 사람이어야 하는 까닭은 바로 인간이 죄를 범했기 때문입니다. 바로 이 이유 때문에, 예수 그리스도께서 인간이 되신 것입니다.[13] 그리스도께서는 십자가에서 하나님의 공의를 만족시키고 우리를 구원하셨습니다. 그리스도께서는 죄를 알지도 못하셨지만 우리 대신 죄가 되셨습니다(고후 5:21). 그리스도의 대속 사역으로 말미암아 우리는 구원을 받게 되었습니다(롬 3:23-26; 사 53).[14]

두 번째 모델은 그 성경적 근거가 풍부하기에 많은 변형 모델들이 여기에서 나왔습니다. 그중에 "대속 이론"이 있습니다. 속상론이 손상된 하나님의 명예를 "빚"으로 보고서 그것을 회복시키는 것에 관심을 둔다면, 대속 이론은 인간이 받을 "형벌"

---

13 이것이 중세의 신학자 안셀무스(1033-1109)가 제시한 설명입니다. 한편, 아타나시우스는 하나님께서 인간이 되신 것은 인간의 죄가 다만 실수가 아니라, 본성 자체를 변화시켜 버렸기 때문이라고 했습니다. 타락한 본성을 회복시키기 위해서는 단순한 회개나 명령으로는 안 됩니다. 하나님께서 인간이 되셔서 인간 본성을 변화시킬 정도로 강력한 구원을 베풀어 주셔야 한다고 아타나시우스는 설명했습니다.

14 십자가 대속을 현대적으로 잘 풀어낸 글은 이정규, 『새가족반』(서울: 복있는사람, 2018), 제6장("불행을 선택하신 행복하신 분")을 참조하세요.

을 그리스도께서 대신 받으신 것을 강조합니다. 그리스도의 십자가 죽음은 우리 죗값을 갚는 것이라기보다, 죄로 인한 형벌을 대신 받으신 것이라 설명합니다.[15] 두 번째 모델의 또 다른 변형

---

15 칼뱅은 이 이론을 많이 부각시켰습니다(『기독교강요』 II.16). 그 외에도 많은 개혁주의 신학자들이 "형벌 대속 이론"이 그리스도의 구원을 가장 잘 설명하는 것으로 보았습니다(Charles Hodge, W. G. T. Shedd, Louis Berkhof, John Murray, Leon Morris and John Stott 등). 판 아셀트는 복합적인 구속 이론을 제시하면서도 "형벌 대속 이론"이라는 큰 틀에서 전체를 통합하려는 의미 있는 시도를 했습니다. Willem J. van Asselt, "Christ's Atonement: A Multi-Dimensional Approach," *Calvin Theological Journal* 38, no. 1 (2003): 52-67. 전통적인 "형벌 대속 이론"에 대한 비판은 크게 다섯 가지가 있습니다. 1. 여성주의자들은 하나님께서 자기 아들을 희생시킨 것은 일종의 우주적 자식 학대(cosmic child abuse)라고 했습니다. 2. 평화주의자들은 하나님께서 직접 십자가를 생각하셨다고 보기에는 그것은 너무 폭력적인 방법이었다고 비판합니다. 3. 하나님의 말씀에서 윤리가 형성된다고 보는 신명윤리(神命倫理, divine command ethics)를 지지하는 자들은 하나님의 말씀만으로 용서가 가능한데, 십자가 대속이라는 방식이 왜 필요하냐고 반문합니다. 4. 개인주의자들은 그리스도의 십자가 공로가 다른 자에게 전가될 수 없다고 주장합니다. 5. 최근의 새 관점 학파의 바울 연구자들 가운데서는 전가 사상을 거부하는 이들이 있습니다. 예를 들어 톰 라이트는 이사야 53장을 근거로 대속 사상은 인정하지만, 그리스도의 의가 믿는 자에게 전가된다는 사상은 거부합니다(라이트의 칭의론에 대한 자세한 논의는 https://shorturl.at/ntJSU 에

으로, "도덕적 통치 이론"이 있습니다. 이 이론에서는 하나님을 사랑이 많으신 창조주인 동시에 우주를 질서 있게 다스리시는 통치자로 봅니다. 누가복음 15장의 탕자의 아버지와 같이 하나님은 인간이 죄를 지었어도 벌을 내리시기보다는 다시 회복시키는 일에 관심이 많습니다. 하지만 하나님은 우주의 통치자이시기 때문에 인간이 죄의 심각성을 깨닫고 회복되기를 원하십니다. 그 이유 때문에 십자가에서 예수 그리스도께서 큰 고난을 받고 죽게 하신 것입니다.

세 번째 모델 - 주관적 이론

세 번째 모델은 "인간"에게 관심을 기울입니다. 이 모델은 "도덕 감화설" 혹은 "주관적 이론"이라고 불리는데, 하나님의 사

실린 우병훈, 『『톰 라이트, 칭의를 말하다』 서평」, 「갱신과 부흥」, 제9호(2011), 118-132쪽을 참조하세요). "형벌 대속 이론"에 대한 현대의 다양한 비판에 대한 복음주의적 재반박은 아래 논문을 참조하시기 바랍니다. Garry J. Williams, "Penal Substitution: A Response to Recent Criticisms," *Journal of the Evangelical Theological Society* 50, no. 1 (2007): 71-86; James I. Packer, "What Did the Cross Achieve: The Logic of Penal Substitution," *Tyndale Bulletin* 25 (January 1, 1974): 3-45.

랑을 깨달은 인간이 도덕적으로 감화를 받아 주관적으로 변화되는 것을 강조하기 때문입니다. 인간이 되신 예수 그리스도께서는 하나님에 대한 우리의 사랑을 불붙임으로써 우리를 하나님과 화목하게 하십니다. 그리스도께서는 우리의 본성을 취하시고 우리를 향한 하나님의 사랑을 눈에 보이게끔 드러내심으로써 그 일을 행하셨습니다. 인간들은 그 사랑에 탄복하며 하나님께로 나아옵니다. 인간이 이렇게 변화된 것을 보신 하나님은 인간을 용서해 주십니다(롬 5:8).

세 번째 모델이 나온 이유는 첫 번째 모델과 두 번째 모델이 지닌 단점 때문입니다. 첫 번째 모델에서는 사탄을 하나님과 대등한 자리에서 거래하는 자로 보았다면, 두 번째 모델에서는 하나님을 화가 난 왕처럼 묘사합니다. 그리고 두 모델 모두 결국 하나님 자신이 하나님 자신에게 어떤 대가를 치르는 것처럼 묘사하고 있습니다. 따라서 세 번째 모델은 인간 편에서의 변화만을 강조하는 것입니다. 특히 구원은 인간 스스로의 노력으로 이룰 수 있고, 이뤄야 한다고 주장하는 입장(펠라기우스파, 몇몇 자유주의 신학자들, 철학자들)에서는 이 이론이 아주 인기가 있습니다.

다른 모델들 - 치유 모델

대표적인 세 가지 모델 외에도 더 많은 설명 방식들이 있습니다. 그중에서 최근에 많이 유행하는 이론이 "치유 모델"입니다. 그리스도의 구원은 영적으로, 정신적으로, 육체적으로 병든 인간들을 치유하는 과정이라는 것입니다. 이 치유 모델도 역시 최근에 비로소 등장한 것은 아니고, 이미 교부 시대부터 있어 왔습니다. 성경적인 근거는 복음서와 사도행전에 나오는 치유 사역이나, 선지서의 표현들, 요한계시록에서 완성된 하나님의 나라를 묘사할 때 사용된 표현들입니다.[16]

구원에 대한 대표적인 세 모델을 배타적이라고 보기보다는 서로 조화시키는 것이 좋습니다. 아타나시우스, 아우구스티누스, 토마스 아퀴나스, 루터, 칼뱅 등도 이 세 모델을 모두 사용하여 구원을 포괄적으로 설명했습니다.

---

16 다음 구절들을 참조하세요. "내 이름을 경외하는 너희에게는 공의로운 해가 떠올라서 치료하는 광선을 비추리니 너희가 나가서 외양간에서 나온 송아지같이 뛰리라(말 4:2)." "모든 눈물을 그 눈에서 닦아 주시니 다시는 사망이 없고 애통하는 것이나 곡하는 것이나 아픈 것이 다시 있지 아니하리니 처음 것들이 다 지나갔음이러라(계 21:4)." "길 가운데로 흐르더라 강 좌우에 생명나무가 있어 열두 가지 열매를 맺되 달마다 그 열매를 맺고 그 나무 잎사귀들은 만국을 치료하기 위하여 있더라(계 22:2)."

3. 세 모델에 대한 입장

세 모델이 배타적이라고 보는 입장

교회 역사 속에서는 이 세 가지 모델들이 항상 존재해 왔습니다. 하지만 많은 신학자들은 이 세 가지 모델 중에 오직 한 가지만 성경적으로 가장 적합하고, 다른 모델은 부족하거나 부적절하다고 생각했습니다. 예를 들어, 구스타프 아울렌은 속죄론에 대해서 아주 중요하게 여겨지는 자신의 책 『승리자 그리스도』에서, 그리스도의 속죄 사역에 대한 위의 세 가지 견해를 설명한 다음, 이 세 가지 견해가 서로 배타적이라고 주장했습니다. 그는 "라틴 이론"이나 "주관적 이론"이 성경과 초기 교회의 지지를 받기 힘들다는 것을 지적하고서, "승리자 그리스도" 이론만이 성경과 초기 기독교를 가장 잘 대변하는 것으로 보았습니다.[17]

비단 아울렌만 다양한 구원론이 서로 배타적이라고 본 것은

---

17 Gustaf Aulén, *Christus Victor: An Historical Study of the Three Main Types of the Idea of the Atonement*, translated by A. G. Hebert. Foreword by Jaroslav Pelikan (New York: Macmillan, 1969).

아닙니다. 12세기에 벌써 아벨라르두스는 "그리스도께서 인간을 죄의 권세로부터 구속하시고, 그리스도의 죽음은 우리를 대신한 죽음으로서 죄악된 인류에 대한 하나님의 정의 요구를 만족시키는 것(속상론)"이라는 주장을 거부했습니다.[18] 그는 구속이란, 적대 세력을 무찌르는 것도 아니며(첫째 모델), 정의에 대한 요구를 만족시키는 것(둘째 모델)도 아니라고 했습니다. 세번째 모델을 지지했던 그는, 구원이란 우리 안에 일어난 변화와 관련이 있으며, 우리를 죄의 노예 살이에서 풀어주며, "이 세상에 그 어느 것보다 더욱 큰 은혜를 우리에게 보여주신" 하나님의 사랑에 반응하고 감사하게 하는 것이라고 했습니다.[19]

둘째 모델만을 지지한 신학자들 가운데는 개혁파 신학자들이 많았습니다. 예를 들어, 20세기 개혁파 신학자인 루이스 벌코프도 역시 속죄론들 중에 하나만을 선호했습니다. 그는 구원이란 하나님께서 자신을 죄악된 인류와 화해시키는 대속적 희

---

18 Peter Abailard, "Exposition of the Epistle to the Romans (Excerpt from the Second Book)," in *A Scholastic Miscellany*: *Anselm to Ockham*, ed. Eugene R. Fairweather (Philadelphia: Westminster, 1961), 280-83.

19 Abailard, "Exposition of the Epistle to the Romans (Excerpt from the Second Book)", 283-84.

생이라고 했습니다.[20] 물론 벌코프는 "다양한 속죄론들"이란 제목 아래 세 번째 모델을 비롯한 다른 이론들을 다루긴 했습니다. 하지만 "승리자 그리스도" 이론은 다루지도 않았고, 두 번째 이론 외에 다른 이론들은 중요하게 취급하지 않았습니다. 아울렌이나 아벨라르두스나 벌코프 모두 위의 세 가지 구원론이 상호 배타적이라고 보고, 그중 하나만을 자기 이론으로 제시했던 것입니다.

세 모델 모두를 취하는 입장

이런 배타적 이론가들과는 달리, 교회사에서 나타났던 대부분의 중요한 신학자들은 구원을 설명하기 위해 사실상 위의 "세 모델 모두"를 채택했습니다.

---

20 Louis Berkhof, *Systematic Theology*. 4th revised and enlarged ed. (Grand Rapids, MI: Eerdmans, 1941), 373-83.

아타나시우스(약 299-373)[21]

아타나시우스는 『말씀의 성육신에 관하여』란 책에서, 그리
스도의 삶과 사역의 의미를 아래와 같이 종합적으로 정리했습
니다.[22]

---

21 아타나시우스는 기독교가 그리스도의 신성(神性) 및
    삼위일체와 함께 생사를 같이한다는 점을 자기 시대에 그
    누구보다도 잘 이해했습니다. 그는 이 진리를 변호하는
    데 자신의 온 정력과 인생을 바쳤습니다. 아타나시우스는
    328년 7월 8일부터 373년 5월 2일 세상을 떠나기까지
    46년간 알렉산드리아의 주교로 봉직했습니다. 그 기간
    동안 4명의 다른 황제에 의하여 5번, 총 17년가량
    유배당했습니다. 주로 아리우스파와 논쟁하면서 겪은
    일이었습니다. 이에 대해서는 아래 문헌들을 참조하세요.
    John Behr, *The Nicene Faith* (Crestwood, NY: SVS Press,
    2004), 163-259; T. D. Barnes, *Athanasius and Constantius:
    Theology and Politics in the Constantinian Empire*
    (Cambridge, MA: Harvard University Press, 1993), xi-
    xii; Khaled Anatolios, *Athanasius* (New York: Routledge,
    2004), 1-31.

22 Edward Rochie Hardy, *Christology of the Later Fathers*
    (Philadelphia: Westminster Press, 1954), 55-110; Saint
    Athanasius, *Sur l'incarnation du Verbe*, trans. Charles
    Kannengiesser, Réimpression de la première [i.e., 2ème] éd.,
    rev. et corr., Sources chrétiennes; No. 199 (Paris: Editions
    du Cerf, 2000); Robert W. Thomson ed. and tr., *Contra
    Gentes and De Incarnatione*, Oxford Early Christian Texts
    (Oxford: Clarendon Press, 1971).

첫째, 승리자 그리스도 이론 - 그리스도께서는 사탄과 더불어 싸우십니다(10; 이하에서 숫자는『말씀의 성육신에 관하여』의 단락). 그리스도의 육체 안에서 죽음과 부패는 다 멸절 당했습니다(20; 히 2:14-15 인용). 그리스도께서는 사탄과 죽음을 없애시고 쫓아내기 위해서 이 땅에 오셨습니다(45). 그의 부활은 사망에 대한 승리를 나타냅니다(22). 그리스도의 십자가와 부활로 말미암아 죽음은 완전히 박살났습니다(30). 예수 그리스도의 전체 삶은 완전히 유일한 것이며, 사탄에 대한 승리를 상징합니다(37). 그리스도의 죽음은 모든 사람을 위한 대속물이십니다(21, 37).

둘째, 대속 이론 - 그리스도께서 이 땅에 오심으로 우리의 부패한 것이 부패하지 못할 것으로 변화되었습니다. 이제 우리는 하나님의 형상으로 재창조되었습니다. 모든 인간이 지고 있던 빚은 성전 되신 그리스도의 육체로 말미암아 다 지불되었습니다(20). 그리스도께서는 우리를 대신하여 죽으셨습니다(21).

셋째, 도덕 감화 이론 - 그리스도께서는 모든 믿는 사람의 마음속에서 살아 역사하십니다. 그리스도인들의 윤리적이고 영적인 삶의 변화는 그리스도께서 살아 계시다는 것에 대한 확실한 증거입니다(30).

넷째, 치유 이론 - 그리스도께서 행하신 일은 참으로 신적인 것입니다. 주님은 당신의 백성들을 질병에서 치유하여 주시고,

결국에 부활시켜 주십니다(21).

아타나시우스는 이 네 가지 견해들 가운데 어느 것 하나만을 주장하지 않고, 네 가지 모두를 주장했습니다. 다만 분량 면에서 승리자 그리스도 이론과 대속 이론을 좀 더 많이, 자주 설명했습니다.

아우구스티누스(354-430)

아우구스티누스는 『고백록』 10권 43절에서 그리스도의 수난의 의미를 다음과 같이 설명했습니다.

> "그리스도는 하나님 앞에서 우리를 위한 승리자요 희생물, 희생물이기에 승리자가 되셨습니다. 그리스도는 하나님 앞에서 우리를 위한 제사장이요 제물, 제물이기에 제사장이 되셨습니다. 그리스도께서는 우리가 종에서 자식으로 변화되도록, 우리를 하나님께 바치셨습니다. 하나님께서는 주님 우편에 앉아 계신 그리스도를 보아서 내 모든 병을 고쳐 주실 것입니다. 여기에 진정 저의 희망이 있습니다. 그렇지 않으면 절망하고 말 것입니다. 저의 병은 많고 큽니다. 하지만 제 질병보다 더더욱 큰 주님의 약이 있기에 감사드립니다."[23]

---

23 아우구스티누스, 『고백록』, 최민순 옮김 (서울: 바오로딸,

위의 글을 보면, 한 단락 안에 앞에서 설명했던 네 가지 모델들이 골고루 다 나타나는 것을 알 수 있습니다. 아우구스티누스는 또한 『믿음, 소망, 사랑에 대한 기독교 신앙 요약』(108)에서도 역시 구원에 대한 포괄적인 이해를 제시합니다.

> "만일 그리스도께서 참 하나님과 참 인간이신 중보자가 아니셨다면 우리는 구원 받지 못했을 것입니다. 하나님과 우리 사이에는 큰 골이 있어서, 중보자가 아니면 아무도 우리를 하나님과 화해시켜 주지 못합니다. 예수 그리스도의 겸손하심으로 인하여 우리의 교만이 드러나고 치유받았습니다. 그리스도께서 모범이 되셔서 우리로 하여금 그분을 따라 살도록 하셨습니다. 하나님의 독생자 예수 그리스도께서는 종의 모습으로 오셨습니다. 그분이 죽고 부활하심으로 우리 몸도 또한 부활할 것을 약속했습니다. 사탄은 이제 그리스도께 굴복할 수밖에 없습니다. 이것이 바로 구원의 신비입니다."[24]

여기서도 역시 아우구스티누스는 승리자 그리스도론, 만족설, 주관적 이론, 치유 이론 모두를 다 담아내고 있습니다.

2011), 468-89(약간 수정 인용함).

24 Augustine, *The Handbook on Faith, Hope, and Love* (=Enchiridion), 108번 항목 요약 번역.

46 구원, 그리스도의 선물

토마스 아퀴나스(1224/5-1274)

중세의 토마스 아퀴나스도 역시 『신학총론』에서, 구원에 대하여 위의 세 모델을 아우르는 포괄적인 견해를 제시했습니다.[25] 아퀴나스는 인간이 죄를 지어 악마의 노예 상태가 되었으나, 그리스도의 구속을 통하여 해방될 수 있다고 말합니다(『신학대전』, IIIa, q. 48, ad 4). 그는 주장하기를, 그리스도께서는 하나님의 영예를 만족시켜 드리는 희생 제물이 되셔서 우리에게 구원을 가져다주셨다고 합니다. 그리스도의 수난은 인간을 위한 최고의 사랑을 보여주시는데, 그로 인하여 지극히 합당한 희생 제물이 되셨습니다(『신학대전』, IIIa, q. 48, ad 3). 그리스도께서 흘리신 보혈은 우리를 구속하기에 충분한 가치를 지닙니다. 왜냐하면 수난 안에서 드러난 그리스도의 사랑이 무한하기 때문이며, 그분의 위격이 무한한 권위를 가지기 때문이며, 그리고 그분이 당하신 고통이 보편성을 가지기 때문입니다(『신학대전』, IIIa, q. 48, ad 2).

이처럼 토마스 아퀴나스의 구원론 역시, 앞의 세 모델을 두루 아우르는 특징이 있습니다. 물론, 그의 구원론은 세 모델 중

---

25 Aquinas, *Summa Theologiae*, IIIa, q. 48.

에 두 번째 모델, 즉 "속상론"을 다른 이론보다 길게 설명하긴 하지만, 전체적으로는 세 모델을 모두 담고 있습니다.[26]

루터(1483-1546)

루터는 여러 곳에서 구원에 대해서 설명했습니다.[27] 물론, 학자에 따라서 그가 "승리자 그리스도 이론"을 가장 중요하게 제안했다고 하기도 하고, "대속 이론"을 가장 많이 부각시켰다고 하기도 합니다. 하지만 분명한 것은 루터 역시, 구원에 대한 포괄적인 견해를 제시했다는 사실입니다. 예를 들어 그가 작성한 『대교리 문답』(1529)은 사도신경을 해설하면서 구원에 대해 포괄적으로 설명합니다. 거기서 루터는 그리스도께서 우리를

---

26 토마스 아퀴나스의 구원론이 개혁주의와 다른 점은 여러 가지가 있습니다. 그중에서 가장 큰 차이점은 신앙에서 인간적 공로의 자리를 언급함으로써 펠라기우스적 오해를 일으킬 수 있다는 점입니다. 하지만 아퀴나스의 구원론이 그 자체로 펠라기우스적이라고 단정하기는 쉽지 않습니다. 그의 구원론이 보다 더 그리스도 중심적으로 전개되었다면 이러한 오해들을 피하고 더욱 성경적으로 되었을 것이라는 아쉬움이 많이 남습니다.

27 루터의 구원론에서 중요한 칭의론과 성화론에 대해서는 아래 책을 보세요. 우병훈, 『처음 만나는 루터』(서울: IVP, 2017), 230-250.

사탄과 죽음의 종 되었던 자리로부터 건져내셨으며, 우리 죄를 속량하시고 우리 빚을 갚아주셨으며, 우리를 거룩하게 하시며 아버지의 뜻을 따라 살도록 하신다고 말합니다.[28]

칼뱅(1509-1564)

칼뱅 역시 구원에 관해 풍성하게 설명했습니다. 그의 독특성은 구원을 그리스도의 세 가지 직분(선지자, 왕, 제사장)과 연결하여 설명했다는 데 있습니다. 물론 칼뱅이 이 삼중직(三重職)을 제일 먼저 고안해 낸 사람은 아닙니다. 예를 들어 토마스 아퀴나스 역시 그리스도의 세 직분에 대해서 말하고 있습니다.[29] 하지만 칼뱅은 세 가지 직분을 그리스도의 중보자 직과 연

---

28 마르틴 루터, 『마르틴 루터 대교리문답』, 최주훈 옮김 (서울: 복있는사람, 2017); 지원용, 『루터교 신앙고백집』 (서울: 컨콜디아사, 1991)을 참조하세요. http:// bookofconcord.org/lc-1-intro.php에서 루터의 『대교리문답』(영어판)을 구할 수 있습니다.

29 아퀴나스, 『신학총론』 IIIa q. 22 ad 2. "그러므로 다른 사람들에게서는 어떤 이는 다만 입법자로, 어떤 이는 다만 제사장으로, 어떤 이는 다만 왕으로 사역한다. 그러나 모든 은혜의 원천이신 그리스도에게서는 이 세 직분이 동시에 나타난다." 존 칼빈, 『기독교강요』, 김종흡 외 옮김 (서울: 생명의말씀사, 1995), II.xv.1의 각주 3에서 재인용. 존 칼빈,

결하여 설명함으로써 세 가지 직분 개념에 탁월한 역할을 부여했을 뿐 아니라, 그리스도의 구원 사역도 역시 풍성하게 잘 설명했다는 데 있어서 독특함을 가집니다.[30] 이로써 칼뱅은 그리스도의 사역과 인격이 서로 분리되지 않고 긴밀한 관계를 가지도록 했습니다. 칼뱅이 그리스도의 세 직분론에서 직접 위의 세 모델들을 언급하여 다루지는 않지만, 위의 세 모델들을 알고 있었던 것이 분명하며 그것을 『기독교강요』 전체에 걸쳐 반영하고 있습니다. 아래에서 보듯이, 특히 그리스도의 세 직분에 대한 가르침에서 그것이 잘 드러납니다.

종교개혁자들은 그리스도의 세 가지 직분을 설명하면서 그리스도의 인격과 사역을 연결시키고, 우리의 구원에 대한 통합적인 설명을 제시했습니다. 특히 칼뱅은 그리스도의 세 가지 직분을 아주 잘 설명합니다.

『기독교강요』, 문병호 옮김 (서울: 생명의말씀사, 2020), II.xv.1(제2권 441쪽 각주 799에는 『신학총론』의 위치 표시가 잘못되어 있음)도 참조. 이 책에서 『기독교강요』는 이 두 번역을 참조합니다.

30 리처드 멀러, 『칼빈 이후 개혁신학』, 한병수 옮김 (서울: 부흥과개혁사, 2011), 43.

4. 그리스도의 세 가지 직분(『기독교강요』 2권 15장)

이제 칼뱅이 『기독교강요』에서 그리스도의 세 직분과 구원에 대해서 어떻게 논했는지 살펴보겠습니다. 칼뱅은 먼저 선지자 직분(4쪽 분량)을 다루고, 그다음 왕의 직분(6쪽 분량)을 길게 논한 다음, 마지막으로 제사장 직분(2쪽 분량)을 다룹니다. 이런 순서와 분량을 취한 것에 대해서 칼뱅이 설명하고 있지 않으나, 아마도 성도의 삶에서 복음을 들음, 복음에 순종함, 기도로 하나님께 나아감의 순서를 취한 것으로 보입니다.[31] 그리고 왕 직에

---

31 칼 바르트(1886-1968)는 칼뱅은 "선지자, 왕, 제사장"의 순서로 취급하고, 슐라이어마허는 "선지자, 제사장, 왕"의 순서를 취하는데 반해, 자신은 "제사장, 왕, 선지자"의 순서를 택한 이유가 특별히 있었다고 말합니다. 바르트는 선지자 직이 제일 마지막에 오는 것이 맞지만, 왕적 직분 혹은 제사장적 직분 중 어떤 것이 처음 오더라도 괜찮았다고 말합니다. 그 둘 중에 어느 직분에서 시작하든 큰 차이는 없었다는 것입니다. 하지만 굳이 "제사장, 왕, 선지자"의 순서를 택한 데에는 두 가지 이유가 있다고 바르트는 말했습니다. 그렇게 함으로써 첫째, 인간을 위한 하나님의 행위에서 시작할 수 있고, 둘째 제사장 직분에서 출발함으로써 왕 직의 의미와 이유를 밝힐 수 있다고 보았기 때문입니다. Karl Barth and John D. Godsey, *Karl Barth's Table Talk* (Edinburgh: Oliver and Boyd, 1963), 17-18. 하지만 저는 칼뱅처럼 하든지, 슐라이어마허나 바르트처럼 하든지, 이 세 직분을 다루는 순서보다 더

대해서 길게 다룬 것은, 그것이 성도가 현재의 힘든 삶을 견디도록 하는데 가장 큰 위로가 된다고 보았기 때문이며, 제사장 직에 대해 적게 다룬 것은 이어지는 16장에서 그리스도의 속죄 사역에 대해 길게 따로 논하고 있기에 그런 것 같습니다.[32]

그리스도의 선지자 직분

그리스도는 하나님의 계시의 완성이십니다. 하나님께서는 선지자들을 보내셔서 계시를 주셨지만, 그리스도는 하나님의 최종적 계시이십니다(히 1:1-2; 2.6.2-4 이하에서 숫자는 『기독교강요』의 권, 장, 절). 그리스도는 구약에서부터 예언된 하나님의 선지자이십니다(신 18:15; 사 55:4). "메시야가 오시면 모든 것을 가르치시리라"라고 했는데(요 4:25), 과연 예수 그리스도께서 오셔서 하나님의 온전하신 뜻을 알려 주셨습니다. 이로써 하나님의 백성들은 하나님의 구원에 대한 소망을 잃지 않을 수 있게 되었습니다. 예수 그리스도께서는 선지자로서, 가난

중요한 것은 그 내용이라고 생각합니다.

32 그리스도의 세 가지 직분에 대해서는 아래 책들을 참조하세요. 우병훈, 『기독교 윤리학』(서울: 복있는사람, 2019), 34-49; 조윤호, 『그리스도의 세 가지 직분: 둘째 아담 그리고 창조회복』(서울: CLC, 2021).

한 자에게 복음을 전하시고 포로 된 자에게 자유를, 눈먼 자에게 다시 보게 함을 전파하며 눌린 자를 자유롭게 하셨습니다(눅 4:18; 사 61:1-2).

그리스도의 선지자 직무는 우리에게도 직접 영향을 미칩니다. 그리스도께서 몸 된 교회의 머리가 되셔서, 교회가 복음을 전파하는 일에 성령의 권능이 있도록 도와주시기 때문입니다. 교회가 전파하는 복음의 내용은 그리스도가 되어야 합니다. 그리스도께서 모든 예언의 종결과 완성이 되시기 때문입니다. 따라서 그리스도의 복음 외에 다른 무엇을 복된 소식처럼 전파하는 것은 모두 그리스도의 권위를 깎아내리는 행동이 됩니다.

이제 그리스도를 모신 성도들은 그리스도로부터 가르침을 받습니다(고전 1:30). 그리스도 안에는 지혜와 지식의 모든 보화가 감추어져 있습니다(골 2:3). 그 때문에, 사도 바울은 "예수 그리스도와 그가 십자가에 못 박히신 것 외에는 아무것도 알지 아니하기로 작정했다"라고 말씀하고 있습니다(고전 2:2). 그리스도께서 우리에게 가르치신 내용 안에 구원을 위한 모든 지혜가 다 들어 있습니다. 그리스도께서 선지자가 되신다는 것은 우리에게 놀라운 진리를 가르쳐 주신다는 뜻인데, 그 진리란 다름 아닌 바로 예수 그리스도 그 자신의 삶과 인격입니다. 그래서 기독교는 진리가 무엇인가 묻기보다는 진리가 누구인가를 묻습니다. 이제 우리 그리스도인들에게 주어진 삶은 예수 그리스도를 본받는 삶이어야 합니다. 주님의 삶은 우리의 모범이 되며 우리가 지향해야 할 목표점이 됩니다. 여기에서 우리는 세 번째 모델인 "주관적 이론" 혹은 "도덕 감화설"이 연결되는 것을 봅니다.

그리스도의 왕 직분

하나님은 언제나 대리자를 세우셔서 주님의 백성을 통치하십니다. 구약 시대에 다윗을 세우셔서 이스라엘 왕국을 통치하신 것처럼, 하나님은 이제 그리스도를 통해서 교회를 통치하십니다. 인간의 통치는 제한적이며 또한, 악한 통치가 되기 쉽지만, 그리스도의 통치는 완전하고 의롭고 선하십니다.

그리스도는 영원한 왕이시기에 사탄과 죽음을 이기시고 승리하십니다("승리자 그리스도 이론"). 그리스도께서 영원한 권능으로 무장하셨다는 것을 들을 때마다, 그분의 보호를 받는 교회는 너무나 안전하리라는 것을 확신할 수 있습니다. 교회는 언제나 격렬한 동요로 끊임없이 고통받으며 무섭고 비참한 폭풍들과 무수한 재난으로 위협받습니다. 그러나 원수들을 향하여 "하늘에 계신 이가 웃으심이여 주께서 그들을 비웃으시리로다"라고 말한 다윗처럼(시 2:4), 교회도 역시 그리스도의 완전한 최종 승리를 기대하며 안심할 수 있습니다. 악마는 세계의 총력을 동원하더라도 교회를 전복하지 못합니다. 교회는 그리스도의 영원한 보좌를 토대로 건설되었기 때문입니다. 그리스도의 통치가 영원할 것이며 이 땅에 속한 것이 아니라는 말씀(요 18:36)을 들을 때, 우리 성도들은 순식간에 지나가 버릴 현세에 대한 집착과 미련을 버리고 축복된 영생불사(永生不死)를 바라보며 살아야 합니다. 우리는 언제나 더 좋은 생명에 대한 소망을 붙잡고서, 다가오는 시대에 이 은총이 완전히 결실하는 것을 기다려야 합니다.

그리스도의 왕 직이 우리 성도들에게 주는 유익은 큽니다. 먼저 우리는 영혼의 영원한 구원을 위해 필요한 모든 것을 그리스도께서 우리에게 풍부하게 공급해 주실 것임을 믿고 간구할 수 있습니다. 우리 삶에는 사탄과 세상과 각종 장애물이 있지만 우리는 항상 이기리라는 것을 의심하지 말아야 합니다. 하나님의 나라는 성령 안에서 의와 평강과 희락입니다(롬 14:17).

칼뱅이 살았던 시대는 우리 시대보다 훨씬 열악하고 힘들었습니다. 칼뱅은 이 세상을 묘사할 때 불행과 추위와 멸시와 비난과 그 밖의 괴로움이 있는 곳으로 묘사했습니다(2.15.4). 당시에는 위생 상황이 매우 안 좋아서 질병이 만연했습니다. 칼뱅역시 스무 가지 질병을 가진 걸어 다니는 종합병원이었습니다. 33세에 이미 시력이 아주 나빠지기 시작했습니다. 만성적인 위통과 두통으로 고생했습니다. 특히 폐가 좋지 않아 활동에 제약을 받았습니다.[33] 그러나 칼뱅은 이 세상의 싸움에서 그리스도 께서 우리를 언제나 승리하게 하신다고 말했습니다. 이것은 그 가 삶의 물질적 측면보다 영적인 측면에 더욱 주목했음을 보여 줍니다.

특별히 그리스도의 왕 직이 가진 특징은 "성령을 부어주시 는 것"에 있습니다. 승리하신 그리스도께서는 아버지께로부터 받은 성령을 주님의 백성들에게 나눠주십니다(요 3:24, 엡 4:7-8). 이로 말미암아, 우리 성도들은 이 세상 가운데 하나님의 통 치를 전파할 수 있습니다. 칼뱅이 말한 그리스도의 왕 직은 첫 번째 모델인 "승리자 그리스도 이론"과 잘 통합니다.

그리스도의 제사장 직분

시편 110편 4절에서 메시야를 향해 "너는 멜기세덱의 서열 을 따라 영원한 제사장이라 하셨도다"라고 선언하심으로써, 하 나님은 우리의 구원 전체를 결정짓는 가장 중요한 것을 제정하 셨습니다. 그리스도께서는 제사장 직을 통하여 우리와 하나님 을 화해시키셨습니다. 이로써 우리는 하나님의 의로운 심판과

---

33 이상규, 『교회개혁사』 (서울: 성광문화사, 1997), 189.

그 형벌을 피할 수 있게 되었습니다. 그리스도께서 우리를 위해 제사장 직을 감당하심으로써 하나님의 진노는 풀어졌고, 이제 우리는 하나님의 호의를 얻게 되었습니다. 이 직책을 다하기 위해서 그리스도의 핏값이 필요했습니다. 율법은 언제나 피가 죄를 속한다고 규정했기 때문입니다(히 9:7; 9:22). 그리스도께서는 자신의 육체를 제물로 삼아 우리의 죄과를 말소하시고, 우리 죗값을 대신 치르셨습니다. 그리스도 한 분이 유일하게 제물과 제사장이 되신 것입니다.

그리스도의 제사장 직은 우리에게 많은 유익을 줍니다. 대제사장이신 그리스도는 우리의 죄를 씻으신 후에 또한 우리를 거룩하게 하시는 역할을 하십니다. 우리의 불결과 죄를 제거해 주심으로써, 우리의 기도가 하나님께 상달되도록 해 주십니다. 그리스도께서 영원한 중보자가 되시기 때문에 우리 성도들은 양심의 평화를 얻고, 하나님의 자비와 돌보심을 기대할 수 있습니다. 이제 우리는 그리스도 안에서 제사장이 되어 우리 자신과 모든 것을 하나님께 드리며, 하늘 도성에 들어가서 기도와 찬양을 드릴 수 있습니다. 우리는 이제 거룩하고 구별된 삶을 위해 일생을 바쳐야 합니다. 이러한 그리스도의 제사장 직은 두 번째 모델인 "속상론", "대리적 속죄론"과 잘 연결됩니다.

칼뱅의 그리스도의 세 가지 직분론의 특징

칼뱅이 정리한 그리스도의 세 가지 직분에 대한 설명은 우리의 구원을 이해하는 데 많은 도움을 줍니다. 그의 설명은 아래와 같은 특징들이 있습니다.

첫째, 삼위일체적입니다. 칼뱅은 그리스도의 세 가지 직분을 그리스도의 단독 사역과 인격에 한정시켜서 설명하지 않고, 그것이 성부와 성령과 어떻게 연결되는지 늘 함께 설명합니다. 그리스도는 하나님 아버지께서 보내신 선지자요, 왕이요, 제사장이십니다. 그리스도는 이 직무를 언제나 성령과 함께 행하셨습니다.

둘째, 성령님을 매우 강조합니다. 그리스도는 선지자로서 성령님을 주셔서 교회가 복음을 올바르고 능력 있게 전파하도록 하시고, 왕으로서 성령님을 주셔서 성도들이 이 세상에서 하나님의 통치를 잘 드러내게 하시며, 제사장으로서 성령님을 주셔서 우리들이 성별된 삶을 살게 하십니다.

셋째, 성도들 역시 이 세 가지 직분을 갖고 있음을 강조합니다. 칼뱅은 그리스도의 세 가지 직분이 다만 그리스도의 사역으로 끝나지 않고, 언제나 성도들의 삶에 영향을 미치고 있음을 강조했습니다. 그리스도인들은 선지자의 영을 받았으니 세상 사람들에게 그리스도의 복음을 전해야 합니다. 왕의 선물을 받고 살기에 영광의 열매를 맺어야 합니다. 제사장으로 세움 받았으므로 기도와 찬양을 드리고, 헌신적으로 살아야 합니다.

넷째, 구원론적입니다. 선지자 되신 그리스도는 우리 구원을 위한 최종적 계시가 되십니다. 왕이신 그리스도는 우리의 구원자가 되시어 교회적으로, 개인적으로 다스리십니다. 제사장이신 그리스도는 우리를 거룩하게 한 제물이시며 제사장이 되십니다. 그리스도께서 세 직분으로 하신 일은 오로지 우리의 구원을 위해서 하신 것이 아니고, 그보다 더욱 범위가 넓습니다. 예를 들어, 그리스도의 왕 직은 온 세상을 통치하는 일이기에 성도의 구원보다 훨씬 의미가 큽니다. 하지만 칼뱅은 이 세 가지 직분을 특히 우리의 구원과 관련지어 부각시켰습니다.

다섯째, 영적 성격이 강조됩니다. 그리스도의 세 가지 직분은 우리에게 지상적인 복을 약속하는 것이 아니라, 영적이며 영원한 복을 약속하십니다. 물론 그의 세 직분으로 인해서 우리가 누리는 지상적이고 물질적인 복도 있습니다만, 칼뱅은 이것이 언제나 한시적이며 제한적이라는 사실을 강조합니다. 우리의 영원한 구원이 가장 중요합니다.

여섯째, 우리 구원의 확고함을 강조합니다. 우리가 받을 영생은 그리스도의 세 가지 직분으로 인해 가장 확실하고 확고한 것이 되었습니다.

일곱째, 구원에 대한 세 모델과 잘 통합됩니다. 그리스도의 세 가지 직분에 대한 칼뱅의 설명은 구원에 대한 세 모델을 잘 아우릅니다. 그러나 칼뱅은 훨씬 다양하게 설명합니다. 예를 들어 "승리자 그리스도 이론"이 다만 왕 직에만 연관되는 것이 아니라, 거짓과 싸우는 선지자이신 그리스도, 그리고 죄와 싸우시는 제사장이신 그리스도와 연결됩니다.

칼뱅 이후 개혁주의 신학에서는 그리스도의 세 가지 직분을 신앙고백에 넣어서 모든 성도들이 배우도록 했습니다. 그런데 대체로 칼뱅 이후 개혁주의 신학자들은 그리스도의 제사장 직분을 강조하는 경향이 강했습니다.

5. 칼뱅 이후 개혁신학

칼뱅이 남긴 이러한 좋은 유산을 따라서, 개혁교회 신조들은 그리스도의 세 가지 직분에 대해 다루었습니다. 대표적인 예가 『하이델베르크 요리문답』(1563)과 『웨스트민스터 소요리문답』(1646)입니다.

『하이델베르크 요리문답』 31문답은 아래와 같습니다.

> 31문: 그분을 왜 그리스도, 곧 기름 부음을 받은 자라 부릅니까?
> 답: 왜냐하면 그분은 성부 하나님으로부터 임명을 받고 성령으로 기름 부음을 받으셨기 때문입니다. 그분은

우리의 큰 선지자와 선생으로서 우리의 구원을 위한 하나님의 감추어진 경영과 뜻을 온전히 계시하시고, 우리의 유일한 대제사장으로서 그의 몸을 단번에 제물로 드려 우리를 구속(救贖)하셨고, 성부 앞에서 우리를 위해 항상 간구하시며, 또한 우리의 영원한 왕으로서 그의 말씀과 성령으로 우리를 다스리시고, 우리를 위해 획득하신 구원을 누리도록 우리를 보호하고 보존하십니다.

『웨스트민스터 소요리문답』 23-26문답은 아래와 같습니다.

23문: 그리스도께서 우리의 구속자로서 무슨 직분을 행하십니까?

답: 그리스도께서는 우리의 구속자로서 선지자와 제사장과 왕의 직분을 낮아지고 높아지신 두 지위에서 행하십니다.

24문: 그리스도께서 선지자의 직분을 어떻게 행하십니까?

답: 그리스도께서는 선지자로서 우리를 구원하시려는 하나님의 뜻을 그분의 말씀과 성령으로 우리에게 계시하십니다.

25문: 그리스도께서 제사장의 직분을 어떻게 행하십니까?

답: 그리스도께서는 제사장으로서 단번에 자신을 제물로 드려 하나님의 공의를 만족시키시고 우리를 하나님과 화목하게 하셨으며, 또한 우리를 위하여 항상 간구하십니다.

26문: 그리스도께서 왕의 직분을 어떻게 행하십니까?

답: 그리스도께서는 왕으로서 우리를 자기에게 복종하게
하시고 우리를 다스리시고 보호하시며, 그분의 모든
원수들, 곧 우리 원수들을 제어하시고 정복하십니다.[34]

이처럼 칼뱅 이후 개혁신학은 그리스도의 세 가지 직분에 대한 가르침을 아주 중요한 것으로 여기며, 신조에 반영했습니다. 그리고 칼뱅 이후의 개혁신학자들은 그리스도의 세 직분론을 역사적인 차원에서 발전시켜 나갔습니다. 세 직분은 모든 역사에 걸친 그리스도의 중보 사역에서 나타나지만, 선지자 직분은 말씀의 계시 사역과 관련하여 그 탁월함이 드러나고, 제사장 직분은 그리스도의 희생적 삶과 죽음에서 그리고, 왕의 직분은 하나님의 마지막 통치에서 그 탁월함이 드러난다고 보았습니다.[35]

이렇게 그리스도의 세 가지 직분과 구원론을 연결시키는 방식에 있어서 신학자들 사이에 강조점의 차이가 있습니다. 칼뱅의 경우에는 세 가지 직분 모두를 잘 강조했지만, 분량 면에서는 그리스도의 왕 직을 좀 더 많이 다뤘습니다. 반면에, 20세기미국의 개혁신학자인 루이스 벌코프의 경우에 구원론을 세 가

---

34 『웨스트민스터 소요리문답』과 『하이델베르크 신앙고백』은 성약출판사 홈페이지에서 인용합니다.

35 멀러, 『칼빈 이후 개혁신학』, 43.

지 직분과 연관시켜 다루기는 하지만 거의 그리스도의 제사장 직과만 연결시켜 다루고 있습니다. 그는 그리스도의 제사장 직에 대해서는 45쪽이나 논하지만, 선지자 직과 왕 직에 대해서는 각각 5쪽과 6쪽만 할애할 뿐입니다.[36]

이와 비슷하게 19세기 개혁파 신학자인 찰스 하지도 그의 구원론을 그리스도의 제사장 직과만 연관시켜 다룹니다. 그는 선지자 직은 2쪽으로, 왕 직은 14쪽으로 다루는 데 반해, 제사장 직은 무려 132쪽을 할애해서 다루고 있습니다.[37]

이런 숫자 자체는 별로 중요한 것이 아닐 수 있습니다. 중요한 것은 현대 개혁신학에 와서는 그리스도의 구원 사역이 오로지 제사장 직과만 연관되어 다뤄졌다는 데 있습니다. 그리하여 구원 사역이 제사장 직의 대속적 희생과만 연결되고, 왕 직의 죄악에 대한 승리나 선지자 직의 하나님 사랑의 현시는 주목하지 못하는 경향이 생겨났습니다. 16-17세기에 그리스도의 세 직분에 대해 골고루 설명했던 균형 잡힌 구원론이 근대의 개혁신학으로 오면서 상실된 느낌이 듭니다. 물론, 더욱 적절한 속

---

36 Louis Berkhof, *Systematic Theology* (Grand Rapids, MI: Eerdmans, 1941).

37 Charles Hodge, *Systematic Theology* (Grand Rapids, MI: Eerdmans, 1979).

죄론은 세 가지 직분에 대한 설명 모두를 놓치지 않고 잘 아우르는 구원론일 것입니다.

프린스턴 신학교의 다니엘 밀리오레는 이 사실을 주목했습니다. 그는 아래와 같이 그리스도의 세 가지 직분과 구원론을 연결시켜 설명했습니다.

> "선지자이신 그리스도는 하나님의 통치의 도래를 선포하며 그 통치에 적합한 삶의 형식을 우리에게 가르쳐 주신다 (도덕적 감화). 제사장이신 그리스도는 우리를 대신하여 하나님께 사랑과 순종의 온전한 제사를 드리신다(만족, 속상). 왕으로 임명된 그리스도는 악의 저항에도 불구하고 세상을 다스리시며, 의와 평화로 다스리시는 하나님의 통치의 궁극적 승리를 약속하신다(승리자 그리스도)."[38]

칼빈 신학교의 핀스트라 교수는 이런 견해를 좀 더 발전시켰습니다. 그는 그리스도께서 자신의 세 가지 직분을 통해 하나님과 타락한 인류 사이에서 구원을 가져오셨으며, 각각의 직분은 속죄 사역과 긴밀하게 연결되어 있음을 지적했습니다.[39]

---

38 Daniel Migliore, *Faith Seeking Understanding: An Introduction to Christian Theology* (Grand Rapids, MI: Eerdmans. 1991), 155.

39 Ronald Feenstra, "The Atonement and The Offices of

이제 최근의 개혁주의 신학자들이 그리스도의 세 가지 직분을 정리한 것을 살펴보겠습니다.

6. 그리스도의 세 가지 직분의 의미 정리

제사장의 직분

천상의 제사장이신 그리스도는 구원에 관한 우리들의 근원적 필요를 채우십니다. 우리는 죄인이며 하나님과 이웃으로부터 분리되어 있습니다. 죄란 구체적 모습에서는 이웃들을 향해 짓는 것이지만, 사실 모든 죄는 일차적으로 하나님을 향한 것입니다.[40] 타락에 대한 성경 말씀에 따르면, 죄란 결국 하나님에 대한 불순종이었습니다. 따라서 구원 사역도 죄의 문제를 푸는 것이어야 합니다.

그리스도는 이제 우리의 불순종을 대신해 순종의 행동을 하

Christ", *Theological Forum*, Vol. XXV, No. 3 (1997). 이하에서 그의 견해를 요약합니다.

40 루터는 십계명과 시편 해설에서 "모든 죄는 하나님에 대한 죄"라고 강조했습니다. 유해무, 『코람데오』 (경산: 그라티아, 2012)를 참조하세요.

십니다. 하나님은 우리의 순종을 요구했으나 우리는 아담 안에서 불순종했습니다. 따라서 그리스도는 우리 자리에서 순종하십니다. 그리고 우리는 오직 그분의 순종과 하나 되는 것을 통해서만 순종하는 자로 여김 받을 수 있습니다. 우리는 죄의 대가로 고난받아 마땅합니다. 그러나 그리스도께서는 속죄양과 제사장 역할을 동시에 하셔서, 우리 죄가 그리스도의 의로 덮이게 하셨습니다.

하나님은 이제 우리를 죄인이 아니라 의인으로 여기십니다. 마르틴 루터가 말한 것처럼, 우리는 의인인 동시에 죄인입니다. 우리만 생각했을 때는 죄인이지만, 그리스도 안에 있음으로 인해 의인이기 때문입니다. 바로 이 구원 사역이 그리스도의 제사장적 사역의 성취입니다.

왕의 직분

천상의 왕이신 그리스도는 먼저 우리가 사탄의 노예가 되었음을 알려주십니다. 우리가 하나님에게서 멀어졌을 때, 우리는 자유인이 된 것이 아니었습니다. 사탄의 노예가 되었기 때문입니다. 하나님의 종으로서의 지위를 거부하고, 대신에 사탄의 노예가 된 것입니다. 우리가 하나님으로부터 분리되어 있는 한, 우리는 죄의 노예가 됩니다. 우리의 엄청난 죄로 말미암아 피조물은 창조주에게 반항하게 되었습니다. 하나님은 바로 이 반항적인 행동을 저지하기로 결정하셨습니다. 하나님은 사탄과 동맹한 당신의 백성을 구출하시기로 결정하셨습니다. 예수 그리스도를 보내신 까닭이 바로 그것이었습니다.

승리하신 그리스도는 이제 당신의 백성을 적대자에서 동맹자로 변화시키십니다. 승리자 그리스도는 당신의 통치에 반항하는 세력을 무찌르시고, 그분의 견줄 수 없는 권위를 재확인하시며, 반항하는 피조물을 포함한 모든 피조물들을 다스리십니다. 바로 이 구원 사역이 그리스도의 왕적 직분의 성취입니다.

선지자의 직분

천상의 선지자이신 예수 그리스도는 우리가 마땅히 사랑해야 할 하나님을 사랑하지 않았던 것과 정반대로 하나님을 그 누구보다 사랑하셨습니다. 우리는 하나님을 우리의 구원자가 아니라 적으로 보았고 하나님을 피해 숨으려 했습니다.

이러한 반항적인 우리를 대신한 예수 그리스도의 고통과 죽음은 우리를 향한 하나님의 위대한 사랑을 보여줍니다. 호세아 선지자와 같이 예수 그리스도는 제멋대로 살았던 우리를 향한 하나님의 크신 사랑을 보여주셨습니다. 그리하여 예수 그리스도는 하나님이 우리에게 복수하시는 심판자가 아니라 우리를 사랑하시는 아버지이심을 보여주었습니다.

그분의 삶뿐 아니라 말씀을 통해서 그리스도는 우리가 하나님의 은혜롭고 용서하시는 사랑을 깨닫도록 하십니다. 이제 우리는 자신을 하나님의 자녀로 여길 수 있게 되었습니다. 성령께서 이 메시지를 우리 마음에 적용하십니다. 그리스도께서 "말씀과 모범으로 우리를 가르치심을 통해" 하나님은 사랑으로 스스로를 우리에게 엮어 매셨고, 이제 우리는 하나님의 은혜의 현시에 감동하게 됩니다.[41] 바로 이 구원 사역이 그리스도의 선지자적 직분의 성취입니다.

참 하나님, 참 인간

그리스도의 사역은 제사장, 왕, 선지자 사역을 완성하는 것이었습니다. 이 각각의 직분에서 그리스도는 구원 사역 이상을 행하셨습니다. 예를 들어, 그리스도의 왕 직은 사탄과 싸우고 구원받은 백성을 다스릴 뿐 아니라, 온 세상을 통치하시는 사역입니다. 그리스도의 선지자 직은 구원에 대한 진리뿐 아니라, 이 세상을 향하신 하나님의 모든 뜻을 보여주시는 일입니다. 하

---

41 Peter Abailard, "Exposition of the Epistle to the Romans (Excerpt from the Second Book)," in *A Scholastic Miscellany: Anselm to Ockham*, ed. Eugene R. Fairweather (Philadelphia: Westminster, 1961), 283.

지만 이 각각의 직분의 중요한 부분은 구원 사역을 충족시키는 것이었습니다. 제사장으로서 그리스도는 자신의 순종으로 우리의 불순종을 대신하셨습니다. 왕으로서 그리스도는 우리를 포로로 잡고 있던 죄악의 권세를 이겨 승리하셨습니다. 선지자로서 그리스도는 그분의 삶과 죽음에서 자기 백성을 향한 하나님의 사랑을 보여주셨습니다.

더 나아가 한 가지 분명한 점은, 그리스도께서 참 하나님이시며, 참 인간이셔야 이 일을 이루실 수 있으셨다는 점입니다. 그분이 하나님이 아니셨다면 우리 대신 "온전한 의를 충족시키는 일"은 불가능했습니다. 그분이 인간이 아니었다면 "우리 대신" 온전한 의를 충족시키는 일은 불가능했습니다. 그분이 하나님이 아니셨다면 우리를 위하여 "사탄을 패배시키는 일"은 불가능했습니다. 그분이 인간이 아니셨다면 "우리를 위하여" 사탄을 패배시키는 일은 불가능했습니다. 그분이 하나님이 아니셨다면 우리를 위한 "하나님의 사랑과 자비"를 온전히 보여주지 못했을 것입니다. 그분이 인간이 아니셨다면 "우리와 같은 죄인들조차 위하시는" 하나님의 사랑과 자비를 온전히 보여주지 못했을 것입니다.

이처럼 그리스도의 구원 사역과 그분의 세 가지 직분은 긴밀하게 연관되며, 이런 관점은 구원론과 세 가지 직분 두 가지 모두를 깊이 이해하는 것을 도와줍니다. 그리스도의 구원 사역에서 우리는 복음의 핵심을 보며, 그것은 우리를 믿음과 순종으로 이끕니다. 그리스도의 세 가지 직분에 대한 설명을 삼위일체와 연결하여 설명할 수도 있습니다.

7. 삼위일체적 확장

최근의 개혁신학자들은 그리스도의 세 직분을 삼위일체와 연결하여 설명하기도 합니다.[42] 즉, 세상을 다스리시는 왕의 모습에서 성부를, 희생 제사와 대속 사역에서 성자를, 계시를 주시고 말씀대로 가르치시는 역할에서는 성령을 먼저 생각하는 것입니다. 물론, 삼위는 언제나 함께 사역하시지만, 각 위께서 주도적으로 사역하시는 영역을 고려해 봄으로써, 삼위일체를 더욱 풍성하게 이해할 수 있습니다.

그리스도의 세 가지 직분은 우리의 구원을 올바르고 풍성하게 이해하는 데 도움이 될 뿐 아니라, 또한 구체적인 삶의 영역에서도 적용할 수 있습니다.

---

42 Robert Sherman, *King, Priest, and Prophet: A Trinitarian Theology of Atonement* (New York: T & T Clark International, 2004).

8. 적용

모든 기독교 교리는 다만 머리로 이해하는 것에서 그치는 것은 의미가 없습니다. 그것을 적용해야 합니다. 우리는 그리스도의 세 가지 직분에 대한 가르침을 개인적/사회적, 가정적, 교회적 삶에 적용해 볼 수 있습니다.

개인적이고 사회적인 적용

『하이델베르크 신앙고백』, 제12주일, 제32문은 그리스도의 세 직분과 우리의 신앙생활을 잘 연결하여 고백하고 있습니다.[43]

> 32문: 당신은 왜 그리스도인이라 불립니까?
> 답: 왜냐하면 내가 믿음으로 그리스도의 지체(肢體)가 되어 그의 기름 부음에 참여하기 때문입니다. 나는 선지자로서 그의 이름의 증인이 되며, 제사장으로서 나 자신을 감사의 산 제물로 그에게 드리고, 또한 왕으로서 이 세상에 사는 동안은 자유롭고 선한 양심으로 죄와 마귀에 대항하여 싸우고, 이후로는 영원히 그와 함께 모든 피조물을 다스릴 것입니다.

---

43 『하이델베르크 신앙고백』, 독립개신교회 교육위원회 옮김 (서울: 성약출판사, 2004)에서 인용합니다.

이렇게 잘 요약한 고백문과 함께 우리는 구약 성경에서 선지자, 제사장, 왕의 직무를 잘 관찰하여 삶에 적용할 수 있습니다. 무엇보다 그리스도의 삶을 모범으로 그분의 세 가지 직무를 우리 편에서 행할 수 있는 범위 내에서 행할 수 있습니다.

우리는 직장이나 학교 등 각자의 삶의 터전에서 이 세 가지 직무를 수행하는 사람이 되어야 합니다. 선지자로서 우리는 복음을 전할 기회를 만들기 위해 노력해야 합니다. 21세기는 그 어떤 시대보다 더욱 하나님의 복음이 필요한 시대입니다. 과학과 기술의 발달로 인간관계는 더욱 황폐해지고 있으며, 이기주의와 개인주의로 사랑이 메말라 가고 있습니다. 이런 시대를 변화시킬 근원적인 힘은 오직 그리스도의 복음에서 나옵니다. 따라서 복음 전파는 선지자적 사명감을 갖고 해야 하는 우리 시대의 최대 과제입니다.

또한 제사장으로서 성도인 우리들은 다른 이들의 죄를 위해 대신 하나님께 기도하면서, 스스로 또한 정결해야 합니다. 성도는 세상의 죄악과 더불어 싸우는 자이며, 동시에 죄로 인해 하나님 앞에서 애통하는 자입니다. 아우구스티누스는 그리스도인의 "사회 참여" 가운데 가장 중요한 것이 "기도"라고 했습니다. 그는 주님께서 가르쳐 주신 주기도문을 가지고 날마다 이 세상을 위해 기도하는 것이 순례자 된 성도들의 기본자세라고 했습니다(『신국론』, 21권 27장 4절; 『편지』 130번).[44] 아우구스티누스는 이런 기도를 바탕으로 이 세상 나라를 위해 천상의 순례자들이 세 가지를 해야 한다고 주장했습니다. 첫째는 "사랑"의 권면입니다. 우리는 이웃들에게 하나님을 사랑하라고 권면해야 합니다. 둘째는 "평화"의 의무입니다. 성도는 때때로 세상 나라와 협력하여 평화를 증진시킬 의무가 있습니다. 셋째로 "정의"의 실현입니다. 우리는 세상 나라가 공의를 실행하도록 돕고 요구해야 합니다. 그런데 이 정의는 참된 예배와 온전한 완성을 향한 기도에서부터 나오는 것이어야 합니다. 성도는 기도 가운데 정의로운 세상을 이루어갈 뿐 아니라, 세상의 죄로부터 오염되지 않도록 노력해야 합니다.

왕으로서 성도들은 언제나 하나님의 말씀에 조금 더 가깝게 살도록 해야 합니다. 그리고 자신이 세상에서 행하는 여러 일들이 하나님의 말씀에 맞게 진행되도록 애써야 합니다. 성도들이 각자의 삶의 터전에서 하나님의 말씀을 숙고하며 작은 일에서부터 적용해 나가는 것이 이 세상을 다스리시는 왕이신 그리스

---

44 이에 대해서는 아래의 졸고를 참조하시기 바랍니다. B. Hoon Woo, "Pilgrim's Progress in Society—Augustine's Political Thought in The City of God," *Political Theology* 16.5 (2015): 421–41.

도의 파송 받은 작은 왕으로서 행하는 것입니다. 그리스도께서 섬기시는 왕으로 사셨듯이, 우리 역시 섬김의 삶을 실천해야 합니다. 이렇게 사는 것이 그리스도인의 특권이자 의무입니다.

가정적인 적용

가정생활에서도 그리스도의 복음이 더욱 드러나야 합니다. 선지자 직분을 가진 부모는 자녀를 양육할 때 그리스도의 향기를 드러내야 합니다. 어린 자녀들은 부모의 모습을 통해서 하나님과 그리스도의 복음의 의미를 체득합니다. 부모가 가정에서 복음에 합당한 열매를 맺는 것이 바로 선지자 직을 감당하는 것입니다.

부모는 자녀들의 출세나 성공을 위해서가 아니라, 자녀들이 더욱 성결해지도록 기도해야 합니다. 이것이 제사장 직분을 잘 수행하는 것입니다. 만일 부모가 자녀들의 신앙을 중요하게 생각한다고 하면서, 시험 기간이나 입시철에 신앙생활을 소홀히 하도록 만들면서까지 자녀들을 학교나 학원에 보내 공부를 더 중요하게 여기게끔 한다면, 이것은 제사장의 직무를 망각하는 행동이라고 할 수 있습니다. 자녀들은 부모의 말이 아니라 삶을 통해 제사장 직을 배웁니다.

여기에서 믿음의 가장(家長)의 역할이 매우 중요합니다. 가정을 말씀으로 잘 다스리며, 앞서서 섬기는 가장이 진정한 왕의 직무를 잘 수행하는 사람입니다. 그러므로 혼인을 앞둔 젊은이들은 그리스도의 왕 직을 잘 수행할 수 있도록 준비하고, 그렇게 돕는 배우자를 선택해야 합니다. 가정이 하나님의 말씀으로 다스려지지 않는다면, 언제나 불화와 충돌이 생길 것입니다. 반대로 하나님의 통치를 바르게 떠받드는 가정은 세상에 하나님의 아름다운 덕을 선포할 것입니다(벧전 2:9).

교회적인 적용

전통적으로 개혁교회와 장로교회는 목사, 장로, 집사의 세 직분론을 가졌습니다.[45] 이 중에 목사는 선지자 직에, 장로는 왕

---

45 1541년과 1561년의 교회 헌법에서 칼뱅은 네 가지 형태로 직분을 나눴습니다. 이는 목사(pastores), 교사(doctores), 장로(presbyteri), 집사(diaconi)입니다(오토 베버, 『칼빈의 교회관』, 김영재 옮김 (수원: 합신대학원출판부, 2001), 65). 칼뱅이 이렇게 직분론을 구체화시킨 것에는 부서(Bucer)의 영향이 큽니다. 칼뱅은 스트라스부르에서 3년간 지내면서 부서에게서 교회론에 대해 많은 내용을 배웠습니다(빌렘 판 엇 스페이커르, 『칼빈의 생애와 사상』, 박태현 옮김 (서울:부흥과개혁사, 2009), 131). 스페이커르는 "교회관에 있어서, 칼뱅은 전적으로 부서와 외콜람파디우스의 발자취를 따랐다"라고 말합니다(앞 책, 130). 그러나 나중에 칼뱅은 목사직 안에 교사직을 포함함으로써, 최종적으로 삼중직의 직분론을 전개했습니다.

직에, 집사는 제사장 직에 비유되곤 했습니다. 그러나 목사, 장로, 집사 모두 선지자, 제사장, 왕의 모습을 다 드러내야 합니다.

목사의 설교에는 순수한 그리스도의 복음으로 이 시대를 통찰하고 복음을 시대와 접목시키는 선지자적 요소가 있어야 하고, 성도들을 위로하고 하나님께로 이끌어가는 제사장적 요소가 있어야 하며, 성도와 교회의 삶을 전체적으로 돌아보고 양육하는 왕적 요소가 있어야 합니다. 이 세 가지 중 하나로만 치우치면, 교회는 온전하게 성장할 수 없습니다. 성도들을 언약적 삶의 풍성함으로 이끌어가기 위해서는 설교자가 그리스도의 세 직무를 온전히 드러내야 합니다.[46]

장로의 섬김도 역시 이 세 직무가 함의하는 요소들이 들어가 있어야 합니다. 다스리기만 좋아하고, 교회 전체를 살피고 일일이 돌보는 사역을 감당하지 않는 장로 직은 부족합니다. 성경적 장로 직을 매우 상세하게 논한 반 담 교수는, "장로 직분이 맡은 과업은 한마디로 하나님과의 언약 안에서 살아가는 삶

---

[46] 그리스도 중심적 설교를 위해서 아래 책들을 참조하시기 바랍니다. 팀 켈러, 『팀 켈러의 설교』, 채경락 옮김 (서울: 두란노, 2016); 에드먼드 클라우니, 『성경 모든 본문에서 그리스도를 설교하라』, 권명지, 신치헌 옮김 (군포: 도서출판 다함, 2023); 우병훈, 『구속사적 설교』(군포: 도서출판 다함, 2022).

을 보전하고 육성하는 것이라고 요약할 수 있다"라고 주장합니다.[47] 장로들이 성경적인 지도력을 발휘한다는 것은 당면한 문제에 대한 자신의 견해를 피력하기 이전에, 양 무리들에게 선한 목자의 음성을 듣도록 하는 것입니다. 이런 일 없이 다만 교회 재정이나 행정에만 매달리거나, 더욱 나쁘게는 섬김만 받으려 한다면 장로 직을 제대로 수행하는 것이 아닙니다.

집사 직도 역시 이 세 직무의 요소가 골고루 나타나야 합니다. 이를 위해서 항상 말씀과 기도에 힘써야 합니다. 한국 교회에서 집사 직은 하나의 이름 정도로 그치는 경우가 많습니다. 하지만 제사장적 직무를 잘 감당하는 집사는 언제나 깨어 기도할 것입니다. 선지자적 직무를 감당하기 위해서 복음을 열심히 배우고 가르칠 것입니다. 왕적 직무를 충실히 감당하는 이들은 말씀으로 각 기관들을 돌보고 섬길 것입니다. 그럴 때에 구제와 봉사의 직인 집사 직이 온전해질 것입니다.

---

47 코넬리스 반 담, 『성경에서 가르치는 장로』, 김헌수 외 옮김 (서울: 성약, 2012). 이 책은 장로 직뿐 아니라, 직분에 대한 성경적 이해를 아주 잘 설명하고 있습니다.

〈나눔을 위한 질문〉

1. 성경에서 말하는 "구원"을 생각할 때 주로 어떤 내용을 먼저 떠올렸습니까? 구원에 대한 나의 생각은 이 책에서 말한 모델들 가운데 어떤 모델과 가깝나요?

2. 그리스도의 선지자, 왕, 제사장의 직분 중에 새롭게 이해한 부분이 있다면 무엇인가요? 그것이 신앙생활에 어떤 도움을 줄 수 있을까요?

3. 그리스도인이 맡은 왕의 직분, 선지자 직분, 제사장 직분은 가정에서 어떻게 적용할 수 있을까요?

4. 교회에서 직분을 맡고 있다면, 각자가 섬기는 교회에서 선지자, 왕, 제사장의 직분을 잘 감당할 수 있는 구체적인 방법이 무엇이 있을지 나눠봅시다.

5. 직장이나 학교 등 삶의 터전에서 나를 가장 힘들게 하는 문제가 무엇입니까? 우리가 선지자, 왕, 제사장의 직분을 가진 성도임을 생각할 때, 내가 겪는 문제를 어떻게 해결할 수 있을까요?

6. 제사장의 직분은 기도와 관련됩니다. 왕의 직분은 섬김으로 나타납니다. 선지자의 직분은 복음을 순종하고 전파하는 일에서 이뤄집니다. 이 세 가지 일을 어떻게 공동체적으로 실천할 수 있을지 나눠봅시다.

구원, 그리스도의 선물

제 2 장

예정과 언약의 관계

예정과 언약의 관계

2장에서는 예정과 언약의 관계를 다룹니다. 하나님께서 구원받는 자들을 미리 정해 놓으셨다는 예정론과 구원이 언약 관계에서 신실한 반응을 요구한다는 언약론은 모두 개혁주의 신학의 중요한 가르침입니다. 그러나 이 둘은 언뜻 보기에 서로 충돌되는 것처럼 보입니다. 과연 우리는 예정론과 언약론을 어떻게 잘 연결하여 그리스도께서 주시는 구원을 바르게 이해할 수 있을까요?

개혁주의에서 말하는 예정에 대한 가르침과 언약에 대한 가르침이 어떤 점에서 서로 모순되어 보이는지 살펴봅니다.

1. 개혁주의 예정론과 언약론의 모순?

개혁주의 구원론의 가장 큰 특징은 하나님의 예정을 강조한다는 것입니다. 또한 개혁신학은 다른 신학 전통과는 달리 성경에 나오는 언약에 대한 가르침을 상당히 소중하게 생각하고 이를 성도의 삶의 핵심적인 것으로 강조했습니다.

그런데 곰곰이 생각해 보면, 예정론과 언약론은 서로 충돌할 수도 있다는 생각이 듭니다. 예정론은 인간의 구원은 오직 하나님만이 절대적으로 결정하시며 인간의 노력이 전혀 기여하지 못한다고 가르치는 것처럼 보입니다. 반대로, 언약론은 구원이 하나님과 인간 사이의 약속과 관계에 근거하며, 인간이 성실하게 하나님의 말씀을 순종할 때 구원에서 떨어지지 않고 언약적 축복을 누릴 수 있다고 가르칩니다.

그러나 개혁주의 구원론을 서술한 그 어떤 신학자도 예정과 언약이 서로 충돌하는 것으로 보지 않았습니다. 그렇다면 개혁신학은 어떻게 예정과 언약을 조화시켜 설명했을까요?[1] 먼저 예정론을 살펴보고, 그 후에 언약론을 살펴본 다음, 이 둘이 어떻게 조화되는지 설명해 보겠습니다.

아우구스티누스도 예정에 대해 여러 책에서 심도 있게 설명했고, 그 외에도 많은 신학자들이 예정론에 대해 다루었지만, 그 누구보다 성경을 바탕으로 예정에 대한 가르침을 가장 폭넓고 깊이 있게 설명한 사람은 칼뱅입니다. 지금부터 칼뱅의 예정론에 대해 살펴보겠습니다.

---

1 개혁신학자들은 보통 "언약론"에서 예정과 언약이 어떻게 조화되는지 설명했습니다.

2. 칼뱅의 예정론(『기독교강요』 3권 21-24장)

"아래로부터의 예정론"과 "위로부터의 예정론"

칼뱅과 그의 후계자 베자(1519-1605)는 예정론을 설명할 때, 두 가지 방식이 있다고 했습니다.[2] 그것을 보통 "아래로부터의 예정론"과 "위로부터의 예정론"이라고 부릅니다.

"아래로부터의 예정론"은 인간의 믿음에서부터 출발하여 예정을 이해하는 것입니다. 사도 바울은 예수님을 믿은 이후 자신이 어떻게 해서 예수님을 믿게 되었는지 생각해 보았지만, 자신에게서는 도무지 그 이유를 찾을 수가 없었습니다. 그는 교회를

---

2 바빙크도 이와 유사하게 구분했습니다. 바빙크, 『개혁교의학』, 박태현 옮김 (서울: 부흥과개혁사, 2011), 2권 442-3, 447-49. 베자의 예정론에 대해서는 보통 『예정의 표』(*Tabula Praedestinationis*)라고 불리는 『기독교대전』(*Summa totius Christianismi*)을 보면 됩니다. 1555년에 저술된 이 책은 흔히 오해하는 바와 같이 아주 메마르고 기계적인 예정론을 다루는 것이 아니라, 성경적 예정론과 그 외의 교리들을 잘 설명하고 있습니다. 개혁파 신학의 예정론에 대한 포괄적이며 상세한 분석에 대해서는 아래 책을 참조하세요. Richard A. Muller, *Christ and the Decree: Christology and Predestination in Reformed Theology from Calvin to Perkins* (Grand Rapids, MI: Baker Academic, 2008).

핍박하는 자였고, 예수가 하나님의 저주를 받아 죽은 자라고 생각했기 때문입니다. 그래서 그는 자기가 구원받은 이유를 오로지 하나님께만 돌렸습니다. 하나님께서 예정해 주셨기 때문에 구원받았다는 것입니다. 이렇게 나의 믿음에서부터 출발하여 하나님께 그 원인을 돌려드리는 방식이 바로 "아래로부터의 예정론"입니다.

반대로, "위로부터의 예정론"은 하나님의 속성에서부터 시작하여 예정을 설명하는 것입니다. 하나님은 전지전능하신 분이시므로 온 세상에 대한 작정을 갖고 계십니다. 하나님의 작정은 만물에 대해 하나님께서 정해 놓으신 길을 뜻합니다. 그중에 특히 도덕적 존재(천사, 인간)의 구원과 멸망에 대해 하나님께서 정해 놓으신 것을 예정(혹은 선택)이라고 합니다. 하나님은 이 세상을 창조하시기 이전에 우리 인간의 구원 여부에 대해서 알고 계셨고, 의지로 정해놓으셨습니다. 그것이 시간 속에서 실현된 것이 바로 우리의 구원입니다. 이렇듯, "위로부터의 예정론"은 하나님의 영원한 작정에서부터 출발하여 우리 각자의 구원에까지 이르는 방식입니다.

칼뱅은 예정론을 설명하는 이 두 가지 방식이 모두 필요하다고 보았습니다. 신앙의 초보자들에게는 "아래로부터의 예정론"이 더 쉽게 이해될 것입니다. 하지만 성경을 잘 알고 하나님의 뜻을 온전히 신뢰하는 이들에게는 "위로부터의 예정론"도 이해가 될 것입니다. 우리는 이 두 가지를 다 견지하는 것이 좋습니다. "아래로부터의 예정론"에 너무 치중하면 자기 공로를 찾게 되기 쉽고, "위로부터의 예정론"에 너무 치중하면 자칫 게으르게 될 수 있기 때문입니다.

칼뱅은 특히 "아래로부터의 예정론"만 받아들이는 이들을 경계했습니다.[3] 그런 경우, 우리의 신앙에만 너무 주목하게 되기 때문입니다. 그는 결과(믿음이 생기는 일)가 원인(예정하신 일)을 압도하지 않기 위해서는 더욱 높은 곳으로 올라가야 한다고 했습니다(3.24.3). 우리의 신앙이 마치 선택을 일으킨다고 생각하지 않기 위해서는, 우리 신앙이 생긴 이유를 하나님의 영원한 선택에서 찾아야 한다고 본 것입니다.

칼뱅은 구원의 이유를 인간에게서 찾는 것을 극도로 경계했습니다. 주된 예로 로마 가톨릭이 흔히 그렇듯, 구원에 있어 하나님의 역할 100%, 우리의 역할 100%라는 식의 설명을 칼뱅은 거부했습니다(3.24.3). 우리의 협력이 없으면 하나님은 우리를 구원할 수 없는 것처럼 생각하게 되고, 우리의 의지를 하나

---

3 그들 가운데는 멜란히톤이 있습니다(*Loci theologici*, CR Melanchthon XXI, 451, 914). 『기독교강요』(서울: 생명의말씀사), 562, 각주 6.

님의 계획보다 더 높은 곳에 둘 수 있기 때문입니다.[4] 우리가 믿지 않으면 구원받지 못하지만, 우리가 믿는 것은 구원에 협력해 드리는 것이 아니라 하나님의 은혜의 선물을 그저 받는 것입니다. 우리의 믿음이 구원을 얻는 통로가 되기는 하지만, 그 구원의 근거는 오직 하나님의 자비와 은혜입니다. 에베소서 2장 8절 "너희는 그 은혜에 의하여 믿음으로 말미암아 구원을 받았으니 이것은 너희에게서 난 것이 아니요 하나님의 선물이라"의 구절에서 "은혜에 의하여"는 구원의 근거를 말하고, "믿음으로 말미암아"는 구원을 얻도록 하는 수단을 말합니다.

---

4 비슷하지만 약간 다른 표현으로, 마이클 호튼은 아래와 같이 말했습니다. "비록 우리는 자신의 중생에 조력하지 않지만, 우리의 성장에 있어서는 하나님과 조력한다. 우리는 자신의 의지나 노력과는 무관하게 이 세상에 태어나지만, 일단 태어난 후에는 우리가 스스로 성숙하기 시작하며 그렇게 성숙할수록 자신의 성장과 건강과 장래에 대한 더 큰 책임을 떠맡게 된다는 의미에서, 중생은 우리의 출생과 흡사한 측면이 있다." 마이클 호튼, 『복음이란 무엇인가』, 윤석인 옮김 (서울: 부흥과개혁사, 2004), 259. 여기서 "조력"이라고 말한 것에 주의해야 합니다. 하나님이 주도하시고 은혜를 주셔서 인간이 조력할 수 있기 때문입니다. 물론, 중생 이후에 하나님의 은혜는 인간의 자유의지를 무시하지 않고 인간의 반응을 소중하게 쓰십니다.

예정론의 필요성과 위험성

칼뱅은 예정론이 세 가지 이유에서 유익하다고 보았습니다. 첫째로 우리를 겸손하게 하고, 둘째로 하나님의 은혜가 얼마나 큰지 깨닫게 하며, 셋째로 구원의 확신을 가지도록 한다는 것입니다(3.21.1). 따라서 이 교리를 바르게 배운다면 하나님을 더욱 높이 찬양할 수 있습니다. 로마서 11장 33절에서 바울이 "깊도다 하나님의 지혜와 지식의 풍성함이여, 그의 판단은 헤아리지 못할 것이며 그의 길은 찾지 못할 것이로다"라고 외친 것이 바로 그런 순간입니다.

그러나 예정 교리에는 경계해야 할 위험성도 있습니다. 경박한 호기심을 가지고 하나님의 말씀이 알려주는 그 경계 밖으로 나가서 하나님의 영광을 탐구하려고 하면 오히려 영광을 얻지 못합니다. 그래서 여기에는 일정한 한계 내에 머물러야 하는 "유식한 무식"(docta ignorantia)이 있습니다. 칼뱅은 예정에 관한 교리가 삼위일체론만큼이나 오해를 불러일으키기 쉽다고 말합니다(3.21.4).[5] 그러나 이 교리가 주는 유익함 때문에, 그리

---

5   아우구스티누스는 이렇게 말했습니다. "삼위일체(三位一體)를 부정하는 사람은 구원을 잃을 위험에 처하지만, 삼위일체를 이해하려는 사람은 정신을 잃을 위험에 처한다."(Anyone

고 무엇보다 성경이 분명하게 이 교리를 가르치고 있기 때문에, 우리는 이 교리를 잘 배워야 합니다. 어린아이를 인도하는 어머니처럼 우리의 눈높이에 맞춰 우리를 가르치는 성경을 따라서 가다 보면, 이 교리의 풍성함을 깨닫게 될 것입니다.

이스라엘의 선택

먼저, 칼뱅은 이스라엘의 선택에서부터 예정론의 기초적인 특징을 배울 수 있다고 합니다(3. 21. 5). 하나님은 다른 이유가 없이, 다만 그 백성을 사랑하셨기 때문에 이스라엘을 택하셨습니다(신 7:7-8). 하나님께서 그저 주시는 은혜만이 이스라엘을 선택하신 근거입니다. 그리고 그렇게 선택된 이스라엘 백성들에게 하나님은 또다시 은혜를 베풀어 주십니다. 이렇듯 선택은 은혜 위에 은혜의 역사입니다.

who denies the Trinity is in danger of losing her salvation, but anyone who tries to understand the Trinity is in danger of losing her mind)라고 했습니다. Roger E. Olson & Christopher A. Hall, *The Trinity* (Grand Rapids, MI: Eerdmans, 2002), 1; 로저 올슨, 크리스토퍼 홀, 『삼위일체』, 이세형 옮김 (서울: 대한기독교서회, 2004), 9에서 재인용.

백성으로의 선택과 구원으로의 선택

칼뱅은 이스라엘 백성 전체를 부르신 것과, 그 개개인 한 사람 한 사람을 구원하시는 것은 다르다고 말합니다(3.21.6-7). 실제로 아브라함의 자손들 가운데 어떤 이는 구원받고, 어떤 이는 버림 당했습니다. 버림받은 자들은 그들 자신의 결함과 죄책 때문에 버림받았습니다. 그들은 하나님의 언약을 충실히 지켜야 한다는 조건을 무시하고 그릇되게 행함으로써 그 언약을 위반했습니다. 이런 점에서 볼 때 칼뱅은, 하나님의 은혜는 모든 자들에게 평등하게 주어지는 것이 아니라고 지적했습니다.

이처럼 한 민족 전체에 대한 선택이 곧장 개별자에 대한 선택으로 이어지는 것이 아니라는 것은, 하나님께서 백성을 선택하실 때 중생의 영을 즉시 주시는 것은 아니기 때문입니다. 하나님은 먼저 주님의 백성과 그 자녀들을 "언약"으로 부르시고, 그 후에 중생의 은혜를 주십니다. 그런 점에서 칼뱅은 "언약으로의 부르심"과 "택자로 예정하심"을 "넓은 의미의 선택/좁은 의미의 선택" 혹은 "일반적 선택/개별적 선택"의 구분으로 나누었습니다. 그런 점에서 "언약"은 "버림받는 것과 구원으로 선택되는 것 사이의 중간 상태"라고 했습니다(3.21.7).

이 언약은 절대 깨어지지 않습니다. 이스라엘 백성 모두가 버림받는 일은 없기 때문입니다. 하나님은 언약이 깨어지지 않도록 이스라엘에 남은 자들을 항상 두셨습니다.

이 구도는 오늘날 신약의 백성들에게도 마찬가지라고 할 수 있습니다. 지역 교회의 일원이 되었다고 해서 다 구원받았다고 볼 수는 없습니다. 우리는 이것을 넓은 의미로의 부르심이라고 할 수 있을 것입니다. 그러나 그리스도에게 접붙임 받은 성도들이 구원에서 제외되는 일은 결코 없습니다(3.21.7). 이것은 좁은 의미의 선택을 말합니다.

예지예정(豫知豫定)은 옳은가?

칼뱅은 예지예정론을 반대합니다(3.22.1 3.22.8-9). 예지예정론이란 하나님께서 장차 믿을 자들을 미리 아시고(예지), 미리 아신 그들을 구원하시기로 정하셨다는(예정) 이론입니다. 칼뱅은 교부들 가운데서 오리게네스, 히에로니무스, 암브로시우스 등이 예지예정론을 견지했다고 말합니다(3.22.8).[6] 아우구

---

6 개혁파 신학자들은 교부들을 많이 인용했지만, 언제나 성경을 근거로 그들의 사상을 분별하여 자신들의 신학에 사용했습니다. 이에 대한 자세한 분석은 다음의 논문을 참조하세요. Byung Soo Han, *Symphonia Catholica: The Merger of Patristic and Contemporary Sources in the Theological Method of Amandus Polanus* (Göttingen: Vandenhoeck & Ruprecht, 2015).

스티누스도 오랫동안 이런 생각을 가졌으나 나중에 철회하고, 반박했습니다. 칼뱅 이후 세대 가운데서는 알미니우스가 예지예정론의 대표적 주창자입니다.

예지예정론에 의하면 죄인은 스스로의 힘으로 먼저 믿게 되고, 그런 자들을 하나님은 오래전에 아시고서 예정하시게 됩니다. 이렇게 되면, 믿는 것이 인간의 힘에 의해 이뤄지는 것이 됩니다. 칼뱅은 구원이 인간 스스로의 노력이나 공로(功勞)에 의해서 이뤄지는 것이 아님을 강하게 주장했습니다. 오직 은혜로 그리스도 안에 있는 자들만이 구원을 받습니다. 그리스도께서 선택의 거울이십니다(3.22.1; 3.24.5). 아우구스티누스가 "하나님의 은혜는 선택받기에 합당한 자들을 발견하는 것이 아니라, 만들어내는 것이다."라고 한 말은 여전히 진리입니다(3.22.9).[7]

선택과 거룩한 삶

칼뱅은 거룩한 삶이 선택의 근거가 된다고 말하지 않습니다. 선택하셨기 때문에 거룩한 삶을 살게 되는 것이지, 거룩한

---

7 아우구스티누스, 『편지』 186번 5.15(electio gratiae, quae non invenit eligendos sed facit). Migne Patrologia Latina 33.821.

구원, 그리스도의 선물

삶이 먼저 있었기 때문에 선택이 따라오는 것은 아닙니다. 칼뱅은 선행이 구원의 조건이 된다는 것은 바울의 가르침을 완전히 뒤집는 것이라고 주장합니다(3.22.3).

그러나 택함 받아 구원받은 자들은 반드시 거룩한 삶을 살게 되어 있습니다. 칼뱅은 선택은 지상적이고 물질적인 축복을 위한 것이 아니라 영적인 복을 위한 것이며, 그것이 곧 경건한 삶을 가리킨다고 했습니다(3.22.6). 따라서 언약 안에 있다고 안심한 채 거룩한 삶을 살지 않는 자들은 오히려 언약의 저주를 받아 내쳐질 것이라고 말했습니다(3.22.4).

이중예정(二重豫定)

칼뱅은 이중예정을 주장했습니다(3.22.11; 3.23.1). 이중예정이란 하나님께서는 구원받을 자들을 예정하실 뿐 아니라, 버림받을 자들 역시 예정하신다는 것입니다. 칼뱅은 이중예정이 자신의 생각이 아니라 바로 성경의 가르침이라고 주장했습니다. 바울은 '왜 하나님이 어떤 자들을 버리시는가'의 문제를 하나님의 의로우심을 변호하려는 태도가 아니라 오직 하나님의 절대적인 주권을 인정하는 태도로 논합니다.[8] 선택과 유기 모두 하나님의 뜻에서 나온 것이기에 우리는 더 이상 다른 원인을 찾을 수 없습니다(3.22.11).

예정 교리의 부작용?

칼뱅 당시에 어떤 자들은 예정 교리에 몇 가지 부작용이 있다고 주장했습니다.

첫째로, 예정 교리는 하나님을 폭군으로 만든다는 주장이 있었습니다(3.23.2-3). 어떤 사람들은 "하나님은 아무나 골라서 지옥으로 보내니 폭군이 아니냐" 하고 묻습니다. 이에 대해 칼뱅은 하나님의 주권을 먼저 강조합니다. 선하신 하나님께서 뜻하시는 모든 것은 의롭기 때문에, 하나님의 뜻이 선한지 아닌지를 인간이 판단할 권리가 없다고 말합니다(3.23.2).

솔직하게 말해서 유기를 작정하신 하나님의 뜻은 우리가 알 수 없습니다(3.23.5). 그것은 어떤 자를 구원하시기로 작정하신

---

8 바빙크도 역시 이렇게 주장합니다. "바울은 선택에 대한 모든 반대들을 논박하지만, 선택이 의롭고 정당하다는 사실로써 논박하지 않고, 하나님의 주권과 절대적 권리에 호소함으로써 논박한다." 『개혁교의학』, 2권 429.

이유를 알 수 없는 것과 마찬가지입니다. 그러나 하나님께서 어떤 자들을 유기하시더라도, 우리는 하나님께서 불공정하게 그들을 버리시는 것은 아니라는 점을 기억해야 합니다. 하나님은 그 누구에게도 불의하게 대우하지 않으십니다. 구원의 공로는 하나님께 돌려야 하지만, 멸망을 초래한 것은 죄인들 자신입니다(3.23.1). 하나님은 버림받은 자들에 대해서도 공정하십니다 (3.23.3). 하나님은 아무런 원칙도 없이 사람들을 지옥으로 보내는 폭군이 아닙니다. 우리는 다만 하나님의 선택에서 자비와 사랑을 보며, 유기에서 정의와 위엄을 볼 수 있을 뿐입니다.

칼뱅은 하나님께서 인간이 타락할 것 역시 예정하셨다고 가르칩니다. 그는 이것을 무서운 작정(decretum horribile)이라고 불렀습니다(3.23.7). 그러나 하나님을 죄의 조성자라고 부를 수는 없습니다. 죄는 인간이 자신의 자유로운 선택과 의지로 범한 것이기 때문입니다. 하나님의 작정은 인간의 자유선택과 자유의지를 못 쓰게 만들면서, 즉 인간에게 강제로 죄를 짓도록 하는 방식으로 실행되지 않았습니다. 하나님의 작정 가운데서 인간의 자유는 여전히 유효합니다. 따라서 죄에 대해서는 하나님이 아니라 인간이 그 책임을 져야 합니다.

둘째로, 예정 교리가 사람에게서 죄책과 책임감을 제거한다는 반박도 있었습니다(3.23.6). 어떤 사람들은 인간의 타락에 대한 가장 중요한 원인이 하나님께 있기 때문에, 인간들이 죄를 지었다고 벌을 받는 것은 옳지 않다고 주장합니다. 그들은 또한 하나님은 모든 악을 막을 수 있었을 텐데 왜 그러지 않으셨냐고 하면서 하나님을 비난합니다. 이에 대해 칼뱅은 모든 것의 최종 원인은 하나님이시지만, 죄에 대한 직접적인 원인은 인간이라고 주장합니다(3.23.9). "죄의 진정한 원천"은 인간들의 부패한 본성이지 하나님의 작정이 아닙니다.[9]

셋째로, 예정 교리가 하나님을 편파적으로 만든다는 주장을 펼치는 이들도 있었습니다(3.23.10). 먼저 기억해야 할 것은, 모든 인간이 자기 죄로 죽어 마땅하지만, 하나님께서 그중에 일부를 선택하셔서 구원하셨다는 사실입니다. 이때 하나님은 누군가를 편파적으로 선택하거나 외모를 취하지 않으셨습니다(행 10:34, 롬 2:11, 갈 2:6). 예를 들어, 재산, 권력, 가문, 지위, 조국, 외적인 아름다움 등을 고려하지 않으셨다는 것입니다. 반대로 빈곤, 곤궁, 비열, 사악, 치욕스러움 등을 고려하지도 않으셨습

---

9 최초의 인간의 타락에 대해 하나님의 책임을 묻는 질문에 대해 하나님을 정당화하고 설명하는 작업을 "신정론"(神正論, theodicy)이라고 합니다. 교부들과 개혁주의자들의 다양한 신정론과 에드워즈의 신정론을 비교하고 있는 아래의 글을 참조하세요. B. Hoon Woo, "Is God the Author of Sin? - Jonathan Edwards' Theodicy," *Puritan Reformed Journal* 6, no.1 (2014).

니다. 하나님께서 어떤 사람을 택하시고 어떤 사람을 버리신 것은 하나님의 편파성 때문이 아닙니다. 하나님의 자비는 하나님께서 원하시는 장소와 시간에 따라 자유롭게 나타납니다.

넷째로, 예정 교리가 거룩하게 살려는 의지를 말살한다고 말하기도 했습니다(3.23.12). 모든 것이 정해져 있다면 누군가는 아무리 노력해도 구원받을 수 없을 것이고, 반대로 아무리 태만하게 살아도 누군가는 구원받을 것이 아니냐는 물음이 제기될 수 있습니다. 그러나 칼뱅은 선택의 목적이 거룩하고 흠이 없는 삶이기 때문에(엡 1:4), 선택된 자들은 거룩한 생활에 더욱 집중하겠다는 열의를 가지게 된다고 말합니다. 사실 이런 노력을 할 수 있다는 것 자체가 선택에서부터 기원합니다.

마지막으로, 예정 교리는 모든 충고를 무의미하게 만든다는 주장이 있었습니다(3.23.13). 모든 것이 예정되어 있다면 누군가에게 말씀대로 살라고 권면할 필요도 없고, 전도하기 위해 애쓸 필요도 없는 것이 아닌가 하는 질문이 제기될 수 있습니다. 하지만 성경은 한편으로 하나님의 주권과 작정과 예정을 말하면서도, 동시에 인간의 노력에 대한 권면과 선한 삶에 대한 명령을 담고 있습니다. 하나님의 작정이 있기 때문에 우리는 거룩하고 선한 삶을 더욱 권면할 수 있습니다.

여기서 우리는, 하나님의 주권과 인간의 자유의지에 대해 바르게 이해할 필요가 있습니다.[10] 한 사람이 구원을 받는 그 순간은 전적으로 하나님의 주권에 의지하고 있습니다. 하나님께서 우리를 내적으로 중생시키시고 부르시기 때문에, 그 누구도 하나님의 부르심을 거부할 수 없습니다. 만일 구원을 받는 첫 순간에 인간의 의지를 조금이라도 개입시키신다면, 이 세상에 그 누구도 구원받지 못할 것입니다. 타락한 인간은 본성적으로 하나님께 반항적이기 때문입니다. 그래서 구원받은 순간, 즉 중생과 첫 회심의 순간에는 하나님께서 단독 의지로 일하십니다.[11]

그러나 문제는 구원받은 이후입니다. 구원받은 이후에도 모든 것이 하나님의 의지와 뜻에 달려 있는 것은 맞습니다. 그러나 이때부터 하나님은 "신자의 새롭게 된 의지를 적극 활용하시는 방식"으로 신앙생활을 해 나가도록 하십니다. 하나님께서 이미 주신 은혜를, 신자가 성령님께서 주신 의지로 붙잡게 하십니다. 그래서 신자가 주님을 붙들고자 노력하면 할수록 더욱 풍성한 신앙생활을 하게 되고, 반대로 전혀 노력하지 않으면 영양실조에 걸린 듯한 신앙생활을 하게 됩니다. 아무 노력 없이 감나

---

10 이 단락을 포함하여 이하의 세 단락은 칼뱅의 말이 아니라, 제가 덧붙인 설명입니다.

11 이 점에 있어서 펠라기우스파, 알미니우스파, 펠라기우스적 가톨릭 신학자들은 틀렸다고 볼 수 있습니다.

무 밑에 누워 감이 떨어지기만 기다리는 것과 같은 극단적인 예정론자들의 태만은 이 점에서 있어서 잘못되었습니다.

개혁주의 신앙은 이 두 가지 차이를 잘 구분합니다. 구원을 받는 데 있어서 인간의 의지를 공로로 내세우지도 않으면서도, 신앙생활에 있어서 인간의 의지를 무시하지도 않습니다. 그래서 구원에 대해 하나님의 예정을 강조하면서, 동시에 신자들이 매일 선한 열심을 내도록 더욱 강하게 권면합니다. 개혁주의 신앙은 하나님과 인간이 서로 협력하여 구원을 이뤄낸다는 신인협력설(神人協力說)을 거부하지만, 동시에 하나님의 은혜를 무시하고 제 맘대로 살려는 배은망덕 역시 반대합니다. 개혁주의 신앙이 신자의 삶을 하나님의 주권적 은혜에 대한 "감사"로 묘사한 데에는 이런 의미들이 담겨 있습니다.[12]

예정 교리의 요약

칼뱅은 예정 교리를 다음과 같이 요약합니다(3.21.7).

첫째, 예정은 이중예정일 수밖에 없다. 하나님은 구원으로

---

12 『하이델베르크 교리문답』 64문은 "참된 믿음으로 그리스도에게 접붙여진 사람들이 감사의 열매를 맺지 않는 것은 불가능합니다."라고 적고 있습니다.

받아들이실 사람과 멸망에 내어 주실 사람들을 오래전에 확정하셨습니다. **둘째, 선택은 하나님의 자비에만 근거한다.** 하나님께서 일방적으로 선택하셨다는 사실은 예정이 오직 하나님의 자비에만 근거하고, 그 외의 인간적인 가치에 의존하지 않는다는 것을 말해 줍니다. **셋째, 부르심이 선택의 증거다.** 여기서 부르심은 "설교를 통한 복음 선포"와 "성령의 내밀한 조명"을 말합니다. 복음을 듣고, 성령에 의해 그 심령에 영적인 빛과 깨달음을 받은 사람은 선택된 자들입니다. **넷째, 칭의도 선택의 표징이다.** 여기서 말하는 칭의는 거룩한 삶을 살아가는 것을 포함한다고 볼 수 있습니다. 즉, 선택된 자들은 성령에 의해 성결의 길을 가게 되어 있습니다.

예정론이 주는 은혜

다시 한번 말하지만, 예정론은 겁을 주거나 아니면 사람으로 하여금 태만하게 하려고 주어진 교리가 아닙니다. 오히려 예정론은 우리로 하여금 하나님 앞에서 감사하면서 겸손하게 더욱 열심히 살도록 권면합니다. 20세기의 최고의 개혁주의 신학자 중에 한 사람인 헤르만 바빙크(1854-1921)는 예정론이 주는 은혜를 다음과 같이 요약합니다.

"예정은 하나님 자신의 사랑에서 나왔습니다. 만일 예정이 정의와 공로에 기초했다면, 모든 사람이 구원받을 수 없었을 것입니다. 하지만 예정이 은혜를 따라 역사하므로, 심지어 가장 비참한 사람에게도 희망이 있습니다. 만일 하늘나라에 들어가는 것에 공로와 선행이 기준이 된다면, 아무도 거기에 들어갈 수 없을 겁니다. 만일 덕행이 있는 자는 자신의 덕 때문에, 그리고 바리새인은 자신의 공의 때문에 선택되었다면, 불쌍한 세리는 밖으로 쫓겨났을 것입니다.

하지만 선택을 고백하는 것은, 가장 무가치한 사람, 가장 타락한 사람을, 여전히 하나님의 피조물이며, 하나님의 영원한 사랑의 대상으로 인정하는 것입니다. 선택이란 종종 오해되었듯이, 많은 사람들로 하여금 떠나가게 하기 위한 것이 아니라, 모든 사람을 그리스도 안에 있는 하나님의 풍요로운 은혜로 초대하기 위함입니다.

아무도 자신이 유기된 자라고 믿을 권리가 없습니다. 왜냐하면 각 사람은 진지하고도 절실하게 부름을 받아 구원받기 위해 그리스도를 믿을 의무를 지니기 때문입니다. 아무도 자신이 유기된 자라고 믿을 수 없는데, 왜냐하면 그의 삶 자체와 그가 누리는 모든 것은 하나님이 그의 죽음을 기뻐하지 않는다는 사실에 대한 증거이기 때문입니다. 아무도 자신이 유기된 자라고 실제로 믿지 않는데, 왜냐하면 그렇다면 그는 이미 이 땅에서 지옥을 경험한 것이기 때문입니다.

하지만, 선택은 위로와 힘, 겸손과 온유, 신뢰와 확고함의 원천입니다. 인간의 구원은 흔들릴 수 없이 확고하게 은혜롭고 전능한 하나님의 기뻐하는 뜻에 있습니다."[13]

---

13 바빙크, 『개혁교의학』, 2권 502-03 (박태현 번역을 약간 수정함)

개혁신학은 구원의 확신은 가질 수 있다고 보았지만, 유기의 확신을 가질 수는 없다고 주장했습니다. 그 누구라도 이 땅에 살아있는 동안에는 자신이 유기 당했다고 확신할 수 없습니다. 구원의 기회는 언제나 열려 있기 때문입니다. 예정론은 어떤 이들을 구원에서부터 내어 치려는 교리가 아니라, 많은 사람들이 하나님의 자비를 믿고 주님께로 돌아오도록 하기 위해 주어진 교리입니다.

칼뱅은 언약에 대한 책을 별도로 쓰지 않았습니다. 『기독교강요』에도 언약만을 다루는 장이나 절은 없습니다. 하지만 칼뱅의 신학 전반에서 언약은 매우 중요한 자리를 차지하고 있습니다. 『기독교강요』뿐 아니라, 그의 설교와 주석에도 언약에 대한 가르침이 많이 나옵니다. 그것을 하나씩 살펴보려고 합니다.

3. 칼뱅의 언약론

칼뱅의 언약 사상은 사실 그의 『기독교강요』에서 하나의 독립된 장으로 다루어지지는 않습니다.[14] 하지만 『기독교강요』

---

14 칼뱅의 언약 사상에 대해서는 아래 두 문헌을 참조하세요.
Anthony A. Hoekema, "The Covenant of Grace in Calvin's

에 "언약"이란 말이 260번 이상이나 나오며, 성경에 나오는 구체적인 언약들을 다루고 있습니다.[15] 예를 들어 『기독교강요』, 4.14.18에서 칼뱅은 하나님께서 타락 전의 아담과 언약을 맺으셨다고 말하며,[16] 모세 언약과 예수 그리스도의 새 언약에 대해 논합니다. 물론, 칼뱅의 언약 사상을 제대로 이해하기 위해서는 그의 주석들과 설교들을 참조해야 합니다. 특히 『신명기 설교』 는 칼뱅의 언약 사상 이해에 아주 핵심적입니다.[17]

Teaching," *Calvin Theological Journal* 2, no. 2 (1967): 133-161; Peter A. Lillback, *The Binding of God: Calvin's Role in the Development of Covenant Theology* (Grand Rapids, MI: Baker Academic, 2001). 한역: 피터 릴백, 『칼빈의 언약 사상』, 원종천 옮김 (서울:CLC, 2009).

15 칼뱅의 『기독교강요』에 나오는 언약론에 대해서는 2.7.21; 2.10.1-5, 8; 2.11.4, 11; 3.17.6; 3.21.5-7; 4.14.6; 4.15.22; 4.16.5, 6, 14; 4.17.20 등을 참조하세요.

16 『기독교강요』, 4.14.18에서 칼뱅은 "하나님께서 그 말씀으로 [아담에게는] 생명나무와 [노아에게는] 무지개에 표징을 새겨 두셨기 때문에 하나님의 언약의 증명과 인이 되었다"고 주장합니다.

17 칼뱅은 총 201번에 걸쳐 신명기를 설교했습니다. 버크 파슨스 편저, 『교리 · 예배 · 삶의 균형을 추구한 사람, 칼빈』, 백금산 외 옮김 (서울: 부흥과개혁사, 2012), 123. 참고로, 칼뱅의 신명기 설교는 『신명기 강해』라는 제목으로 한글로 번역되었습니다(곽홍석 옮김, 서로사랑출판사).

언약과 성경의 통일성

구약과 신약의 통일성을 설명하기 위해 언약 사상이 도입되었다는 것은 이미 교부 시대부터의 전통이며, 이것은 중세를 거쳐서, 칼뱅에게까지 잘 이어집니다. 칼뱅은 "은혜 언약"이 성경의 통일성을 붙잡아 주는 핵심이라고 보았습니다. 당시의 재침례교도들은 구약과 신약을 분리했습니다. 그것은 구약의 하나님은 자신들이 생각하는 비폭력 평화주의와 잘 맞지 않아 보이기 때문이었습니다. 재침례교도들은 마태복음 5-7장의 산상수훈을 기독교인의 가장 핵심 원리라고 보았습니다. 그래서 그들은 상대적으로 구약을 무시했습니다. 하지만 칼뱅은 구약시대의 언약과 신약시대의 언약은 그 본질에 있어서 동일하며, 다만 집행되는 양태에 있어서만 다를 뿐이라고 했습니다(2.10.2; 2.11.1).

언약과 유아세례

칼뱅 당시의 재침례파와 오늘날의 침례교(이 둘은 역사적으로 기원이 다름[18])는 유아세례를 반대합니다. 그들은 신자가 스스로 복음의 진리를 명확하게 깨닫고 스스로의 입으로 신앙을 고백할 수 있을 때에만 침례를 베풀 수 있다고 했습니다. 그러나 칼뱅은 『기독교강요』 4.16.17-30에서 이 문제를 집중적으로

---

18 우리가 보통 알고 있는 재침례파는 16세기 초에 종교개혁 운동과 더불어 유럽 대륙에서 나타난 급진적 개혁 운동입니다. 재침례파의 기원에 대한 자세한 연구에 대해서는 아래 책을 참조할 수 있습니다. Andrea Strübind, *Eifriger als Zwingli: die frühe Täuferbewegung in der Schweiz* (Berlin: Duncker und Humblot, 2003). 반면에, 침례교의 기원에 대해서는 크게 네 가지 설명이 있습니다. 첫째는 영국의 국교회로부터 분리한 사람들이 17세기에 침례교를 형성했다고 보는 견해로서 오늘날 주류 학자들의 견해입니다. 둘째는 16세기의 재침례파 운동이 점차 성장해서 오늘날의 침례교가 되었다고 보는 견해입니다. 셋째는 예수님 시대부터 이미 침례교적 신앙과 관습이 있었다고 보는 견해인데, 이를 "영속론"(the perpetuity view)이라고 합니다. 넷째는 침례교회가 예수님 시대부터 지금까지 계속 이어진 참된 교회라고 보는 견해인데, 이를 침례교적 "계승론"(Baptist successionism)이라고 합니다. 하지만 학계의 주류 견해는 침례교란 16세기 후반에 영국에서 나타난 교회들로서, 메리 여왕의 박해를 피해 피신했다가 돌아온 영국인들이나, 아니면 네덜란드의 재침례교도들의 영향에 의해 생긴 교회라고 보는 것입니다. 자세한 내용은 아래 사이트에서 "History"와 "Baptists" 항목을 찾아보시기 바랍니다. The Global Anabaptist Mennonite Encyclopedia Online (http://gameo.org).

다릅니다. 구약시대에 아브라함의 자손들은 난 지 팔일 만에 할례를 받았습니다. 그런 것처럼 신약시대의 하나님의 백성들도 유아세례를 베풀 수 있고, 베풀어야 합니다. 칼뱅은 구약과 신약의 언약적 연속성에 의거하여 유아세례의 정당성을 증명합니다(4.16.24).[19]

언약과 구원 역사

칼뱅은 언약이 구원 역사를 제대로 이해하기 위해 아주 중요하다고 말합니다. 칼뱅은 성경이 다만 무시간적인 진리의 책이 아니라, 구체적인 역사 속에서 하나님의 구원이 펼쳐지는 모습을 그려낸 책으로 보았습니다.[20] 언약을 중심으로 구원 역사

---

19 현대 신학자들 가운데 유아세례를 반대하는 대표자는 칼 바르트입니다. 그에 대해 오스카 쿨만, G. C. 베르카워 등이 반박했습니다. 많은 학자들이 적어도 3세기부터는 유아세례의 관습이 있었음을 증명했습니다. 신약학자 요아킴 예레미아스는 주후 1-2세기에도 유아세례 관습이 있었다고 합니다. 예를 들어 『사도전승』, 21장에 보면 유아세례에 대한 언급이 나옵니다. 이에 대해 쿠르트 알란트는 반대하여, 1-2세기에는 유아세례 관습이 없었다고 보는데, 그럼에도 알란트 역시 유아세례는 정당하다고 말합니다.

20 그런 점에서 칼뱅의 신학은 오늘날 판넨베르크의

의 통일성을 묶는 것은 교부들의 전통입니다. 아우구스티누스는 "옛 언약 속에 새 언약이 숨어 있었고, 새 언약은 옛 언약의 현시이다"라고 말했습니다.[21] 마찬가지로, 칼뱅은 아브라함 및 그 후손들과 맺으신 언약도 사실은 그리스도 안에 근거를 두고 있다고 말합니다(이사야 42:6 주석). 그는 성경 계시는 연속성과 점진성 가운데 펼쳐진다고 주장했습니다(2.10.20). 그것을 구약과 신약에 나타나는 언약의 내용들이 보여줍니다.

은혜 언약

칼뱅은 "은혜 언약"이란 말을 『창세기 주석』에서 제일 먼저 언급합니다. 창세기 12:1을 주석하면서 아브라함에게 주신 언약이 은혜 언약이었음을 말합니다. 아브라함과 언약을 맺으신 이유는 그가 다른 이들보다 잘나서가 아니라, 순전히 하나님의

"역사로서의 계시 신학"이라든지, 일부 내러티브 신학과 통하는 면이 있다고 하겠습니다.

21 "옛 언약 속에 새 언약이 숨어 있었고, 새 언약은 옛 언약의 현시이다(In veteri testamento est occultatio novi, in novo testamento est manifestatio veteris)." 아우구스티누스, 『세례후보자 교리교육』(De catechizandis), 26-27.

사랑과 자비 때문이었습니다(3.21.5).[22]

칼뱅은 하나님의 은혜 언약이 가진 그 무조건적 성격을 『신명기 설교』에서도 여러 차례 강조합니다. 신명기 7장 7-10절 설교를 보면 모세와 맺으신 언약이 오로지 하나님의 선하심에만 근거한다고 주장합니다. 그러므로 하나님과 언약 관계에 들어간 자들은 자신이 남들보다 더 나아서 그런 특권을 누리는 것처럼 생각해서는 안 된다고 말했습니다. 신명기 4장 44절-5장 3절의 설교에서도 칼뱅은 인간의 순종이 언약 체결의 조건이 되는 것은 아니라고 지적합니다.[23] 그것은 은혜에 기인하기 때문입니다.

---

22 그 언약의 유지에 있어서도 은혜가 주도적이라는 뜻에서, 자크 엘륄은 이렇게 말합니다. "하나님의 언약은 단 한 번의 사건으로 효력을 상실하지 않고, 약속이 성취될 때까지 계속 효력을 발휘하는 '계속 이어지는 언약'으로 이해되어야 한다." Jacques Ellul, *Die theologische Begründung des Rechtes* (München: Kaiser, 1948), 37-38; 위르겐 몰트만, 『희망의 신학』, 이신건 옮김 (서울: 대한기독교서회, 2002), 137-38에서도 비슷한 맥락에서 다음과 같이 말합니다(요약 인용). "약속은 언약의 한 측면이다. 언약 안에서 하나님은 자신이 선택하신 백성과 사귐을 나누신다. 약속은 선택에 근거해 있고, 선택은 항상 약속의 역사 안으로 부른다."

23 Corpus Reformatorum XXVI, 242.

구원, 그리스도의 선물

하지만 그렇다고 해서 언약 관계에 있는 자들이 무책임하게 살아도 된다는 것은 아닙니다. 칼뱅은 언제나 도덕적 방종주의를 경계했습니다. 『기독교강요』, 3.17.5에서 칼뱅은 성도들은 거룩하게 살아야 하고, 그렇지 못한 삶으로써 하나님의 이름에 누가 되어서는 안 된다고 말합니다. 오늘날 한국 교회에서 보듯이 복음을 모르는 세상 사람들은 크리스천들의 모습을 보면서 기독교 및 더 나아가 하나님에 대해서도 판단합니다. 크리스천들이 거룩하게 살지 못하면 복음 자체가 훼손되는 것입니다. 그런 까닭에 신명기 7장 11-15절의 설교에서 칼뱅은 우리가 제대로 살지 못할 때 주님이 고통을 당하신다고 힘주어 말합니다.[24] 우리가 거룩하게 살아야 하는 것은 언약 관계를 유지하기 위해서도 필요한 일일뿐 아니라, 하나님의 영광을 위해서도 필수적인 일입니다.[25]

이러한 삶은 하나님의 은혜에 감사하여 살아가는 삶입니다. 구원이란 무엇입니까? 구원이란 단지 나 한 몸 죽어서 천국 가는 것이 아닙니다. 만일 구원의 의미가 그러했다면 하나님께서

---

24 Corpus Reformatorum XXVI, 538-39.
25 Corpus Reformatorum XXVI, 292-3. 신명기 26:16-19 설교.

는 우리들이 구원받는 즉시 죽게 하셔도 될 것입니다. 하지만 하나님은 구원받은 자들에게 사명과 임무가 있다고 하십니다. 칼뱅이 바로 그 점을 지적하고 있습니다. 그에게 구원이란 믿음의 공동체가 이 땅에서부터 하나님의 언약에 반응하며 사는 삶입니다. 그렇기에 구원이란 신자의 삶의 전 영역을 바꿔놓는 근원적 힘이 됩니다.

언약 관계에 있어서 상호성

칼뱅은 언약 관계는 언제나 상호적 의무를 부가하는 것이라고 강조합니다. 아우구스티누스는 "신자는 행위에서 믿음을 이끌어내지 않고, 도리어 믿음에서는 행위를 이끌어내는 자"라고 말했습니다.[26] 칼뱅은 구원을 주시는 하나님의 주권을 제대로 깨달을 때에 인간은 깊은 책임감을 느낀다고 했습니다. 하나님은 죄인을 사랑하셔야 할 이유가 하나도 없습니다. 하지만 주님은 자비와 은혜 가운데 우리와 언약을 맺으시고 사랑해 주십니다. 그런 하나님의 사랑을 깨달을 때에 우리 또한 자유 속에서

---

26 아우구스티누스, 『은혜와 자유선택』(*De gratia et libero arbitrio*), 17.

하나님을 섬길 수 있습니다(신 26:16-19 설교).[27]

언약과 성령님의 사역

언약 관계는 오직 성령님의 역사 가운데서 유지될 수 있습니다. 하나님은 언약 관계에 있는 백성들을 "성령"을 통하여 그들을 다스리십니다(신 26:16-19 설교).[28] 성령님은 자신에게 순종하는 자들에게 언약적 축복을 주십니다. 이것을 보면 한편으로는 언약적 축복이 순종이라는 조건을 통해 주어지는 것 같습니다. 하지만 그런 순종도 어디까지나 성령님의 도우심에 힘입을 때만 가능합니다. 칼뱅이 언약적 축복이 조건적이라고 할 때 그것은 오직 성령론적 차원에서 이해해야 합니다(신명기 27:11-15 설교).[29] 칼뱅의 언약 신학은 성도의 삶을 성령님과 함께 하는 삶, 성령님 안에서의 삶이라고 합니다. 바로 성령님 그분 안에서 언약의 백성들은 자신의 선한 의지를 한껏 발휘할 수 있습니다.

---

27 Corpus Reformatorum XXVIII, 288-9.

28 Corpus Reformatorum XXIX, 86.

29 Corpus Reformatorum XXVIII, 308-9.

언약적 만족감

칼뱅은 언약의 일원이 되는 것이 벌써 하나님의 은혜를 받았음을 증거하는 것이라고 말합니다(3.21.5). 그는 "언약이 언급되는 자리마다 은혜를 기억해야 한다"라고 주장했습니다(이사야 55:3 주석). 따라서 언약 백성들은 절대 자기가 잘났다고 우쭐대는 일이 없어야 합니다(신명기 7:7-10 설교).[30] 칼뱅은 이런 식의 자만심을 "언약적 만족감"(covenantal complacency)이라고 불렀습니다. "언약 백성은 자신이 단지 그 안에 속해 있다는 것만으로 만족감에 빠져 오히려 영적 게으름과 나태에 빠지지 말아야 한다"라고 칼뱅은 경고합니다(신명기 4:44-49, 5:1-3 설교).[31]

언약의 조건들

여기서 하나의 질문이 떠오릅니다. 칼뱅에겐 구원이란 오직 하나님의 은혜로만 얻는 것입니다. 그렇다면 어떻게 언약 관계에서 "조건들"을 얘기할 수 있을까요? 그런 조건들이 있다는 것

---

30 Corpus Reformatorum XXVI, 525.
31 Corpus Reformatorum XXVI, 243.

은 구원은 인간의 능력으로 얻게 된다는 것을 시사하는 것이 아닐까요?

칼뱅은 이런 질문 역시 대답합니다. 시편 132편 12절의 주석에서 칼뱅은 "언약 관계에는 조건들이 있지만 그것은 결코 공로적이지(meritorious) 않다"라고 말합니다. 즉 인간의 공로로 언약 관계를 유지하는 것이 아니라는 말입니다. 물론 언약의 조건들을 깨뜨리면 언약적 축복을 받지 못합니다(신명기 7:7-10 설교).[32] 그러나 언약적 조건들을 지키는 것이 언약적 축복을 받을 수 있는 공로가 되는 것은 아닙니다(신명기 7:11-15 설교).[33] 그럼 뭘까요?

칼뱅은 이렇게 설명합니다. 우리가 언약적 조건들을 아무리 열과 성을 다해 지킨다 하더라도 하나님 편에서 보자면 그것은 오점투성이이며 부족할 뿐입니다. 하지만 하나님은 은혜로우셔서 우리의 부족한 선행도 마치 온전한 것처럼 여기셔서 언약적 축복을 베풀어 주십니다. 그렇기 때문에 언약적 조건성 역시 하나님의 자비와 은혜가 항상 작용하는 조건성입니다.

---

32 Corpus Reformatorum XXVI, 524.

33 Corpus Reformatorum XXVI, 533-5.

행위와 은혜, 그리고 보상(상급)

그러면 어떤 이들은 머리를 굴려서, 언약적 축복을 안 받을 수는 없으니까 언약적 조건들을 행하기는 하지만, 대충 하려는 사람도 있을 것입니다. 그러니까 선행을 하긴 하지만, 아주 미약하게 적당히 눈가림만 하는 정도로 하는 것입니다. 실제로 크리스천들 중에는 이런 사람들이 아주 많습니다. 쉽게 말해 세상에 한쪽 발, 신앙에 한쪽 발을 담그고 사는 것입니다.

그런 양다리 인생들에 대해서 칼뱅은 "하나님 앞에서 스스로 뭔가를 할 수 있다는 자만심을 갖는 것도 잘못된 것이지만, 괜히 약한 척하며 적당한 안일주의에 빠져 사는 것도 잘못된 것이다"라고 지적합니다(신명기 29:5-8 설교).[34]

이것을 위해서 하나님은 "보상"(reward, recompense) 혹은 "상급"을 약속하신다고 칼뱅은 설명합니다(신명기 6:15-19 설교).[35] 즉 하나님은 열심히 주님을 섬기는 언약 백성들에게 말로 다할 수 없는 큰 선물들을 주신다는 것입니다. "보상"이나 "상급"을 얘기하면 당장에 로마 가톨릭을 떠올리는 사람이 있습니

---

34 Corpus Reformatorum XXVIII, 507.
35 Corpus Reformatorum XXVI, 481.

다. "상급 주의"를 악용하는 목회자들도 많습니다. 열심히 하면 천국 가서 왕관 쓰고, 대충 하면 개털 모자 쓴다는 식으로 위협하여 성도들이 교회에 봉사 충성하게 하는 것입니다. 이러한 잘 못된 보상주의 신앙은 경계해야 합니다.

하지만 보상(혹은 상급)이라는 개념 자체를 버려서는 안 됩니다. 성경은 여러 차례 보상에 대해 말하고 있습니다. 아우구스티누스의 경우 보상(혹은 상급)은 구원이라고 못 박고 있습니다(『요한서간 강해』 3.11; 5.12). 하지만 칼뱅은 신자의 삶 속에서 하나님께서 주시는 "영적인 축복"도 보상(혹은 상급)으로 포함시킵니다.

물론 이 보상들 역시 우리의 선행이 완벽해서 주어지는 선물이 아닙니다. 하나님께서 은혜로 주시는 것입니다. 하지만 열과 성을 다해 주님을 섬기는 신실한 백성들은 언약적 축복을 더욱 풍성하게 누립니다. 그들에게는 세상이 알지 못하는 기쁨과 만족, 평안과 감사가 있습니다. 하나님께서는 그런 자들에게 주님의 선물을, 아니 주님 자신을 아낌없이 주십니다. 이런 언약적 비밀은 그것을 누리는 이들만이 알 수 있는 신앙의 신비입니다.

다음에서는 예정과 언약이 어떤 점에서 서로 모순되는 것 같은지 자세히 살펴본 후, 이 두 가르침이 서로를 오히려 더 잘 설명해 주고 있음을 보여주고자 합니다.

4. 예정과 언약의 관계

이렇게 개혁주의 예정론과 언약론을 정리하고 나면, 이 둘
이 과연 조화될 수 있는가 하는 생각이 듭니다. 무조건적으로
예정하신 하나님이 다시 언약을 주셔서 조건 하에 구원을 주시
는 것 같기 때문입니다.

예정은 하나님께서 단독으로 결정하시는 일입니다. 여기에
인간의 행동이 개입할 여지가 전혀 없습니다. 그리고 한 번 결
정된 예정은 절대 변하지 않습니다. 하지만 언약은 다릅니다.
언약에는 언제나 인간의 순종 여부가 중요하게 작용합니다. 언
약이 지닌 복과 저주의 조건성이 그것을 잘 지시해 줍니다. 예
정이 영원 전에 이뤄진 삼위 하나님의 사역이라면, 언약은 시간
과 역사 속에서 진행되는 하나님과 인간의 관계의 문제입니다.

이처럼 예정이라는 관점에서 본 구원과 언약이라는 관점에
서 본 구원은 일견 서로 모순적이며 대립되는 것처럼 보입니다.
우리가 보기에 이렇게 서로 충돌되는 것 같은 두 원리를, 개혁
신학은 잘 통합했습니다. 예정론은 이미 초대교회 때부터 이어
져 내려온 가르침이었습니다. 반면에 언약론은 종교개혁 시대
부터 특별히 개혁신학 내에서 본격적으로 생성된 교리였습니

다.[36] 언약론을 다룬 개혁신학자들은 예정론과 언약론을 잘 연결된다고 생각했고, 그중에 아무도 이 둘이 서로 충돌된다고 생각하지 않았습니다. 그들이 예정과 언약을 연결하는 방식은 다음과 같았습니다.

하나님의 주권과 인간의 책임성

개혁신학자들은 예정과 언약이 구원에 나타나는 하나님의 주권과 인간의 책임성을 동시에 잘 강조하는 것으로 보았습니다. 어떤 이들은 개혁주의 구원론은 오직 하나님의 절대 주권만 강조하고 인간의 책임성은 무시한다고 말합니다. 그러나 결코 그렇지 않습니다. 칼뱅의 언약 사상은 그의 신학에서 하나님의 주권적 은혜와 인간의 책임 있는 반응이 어떻게 조화되고 있는지를 아주 잘 보여줍니다.

칼뱅의 언약 사상은 한 마디로 말해서, "언약은 그 기원에 있어 일방적(一方的, monopleuric, unilateral)이며 그 유지에 있어서는 쌍방적(雙方的, dipleuric, bilateral) 측면이 있다."라

---

36 안상혁, 『언약신학, 쟁점으로 읽는다』 (수원: 영음사, 2014)를 참조하세요.

고 정리할 수 있습니다.[37] 조금 어려운 말처럼 보이지만 중요한 진리를 함축적으로 담고 있습니다.

언약의 기원, 즉 언약이 체결될 때는 일방적입니다. 왜냐하면 하나님께서 일방적으로 인간과 언약을 맺으시기 때문입니다. 언약이 처음 체결될 때에, 인간이 하나님과 어떤 상업적 계약을 맺듯이 그렇게 상호 대등한 관계에서 언역이 체결되지 않습니다. 죄인인 인간은 다만 하나님의 언약을 받을 뿐입니다.

하지만 언약의 유지, 즉 언약이 성립된 이후에 효력을 발휘함에 있어서는, 하나님과 인간 사이에 일종의 상호적인 책임 관계가 요구됩니다. 하나님께서 주신 언약적 의무 사항들을 지킬 때 언약적 복을 누리고, 그것을 어길 때에 언약적 저주를 받기 때문입니다. 물론 언약이 유지되는 것에도 역시 하나님의 주권적 은혜가 필요합니다. 하지만 그 은혜는 인간의 책임을 요구하는 모습으로 나타납니다.

"언약은 그 기원에 있어 일방적이며 그 유지에 있어서는 쌍방적 측면이 있다."라는 문장 속에서 우리는 선택하시고 언약으

---

37 이 점에서 칼뱅의 언약론은 클라스 스킬더의 언약론과 본질상 일치합니다. J. 하이쩌마, 『항상 순종』, 손성은 옮김 (서울: SFC, 2020), 제2장(특히 70-74)을 보세요.

로 부르시는 하나님의 주권성과 그분께 감사하고 믿음 안에서 순종하는 인간의 책임성을 봅니다.

예정은 언약의 기초와 근거

"아래로부터의 예정론"의 관점에서 보자면, 우리는 언약에서 먼저 시작하게 됩니다. 우리는 언약의 공동체 속에 들어와서 비로소, 하나님께서 우리를 예정하신 사실을 배우는 것입니다. 그런데 언약은 언제나 흔들리는 것 같습니다. 언약은 상호적 의무 속에서 지탱되는 것인데, 우리가 하나님께 행하는 의무는 언제나 미약하기 때문입니다. 그럼에도 불구하고, 우리는 낙담하거나 좌절하지 않습니다. 우리의 언약이 철회될 수도 있다는 불안감 속에서 살지 않습니다. 왜냐하면 이 언약은 하나님의 예정에 근거해 있다는 확신이 있기 때문입니다. 바울의 말씀처럼, 우리를 언약으로 부르신 분은 하나님이십니다. 그분은 우리를 반드시 지키실 것입니다.

> 너희 안에서 착한 일을 시작하신 이가 그리스도 예수의 날까지
> 이루실 줄을 우리는 확신하노라
>
> (빌 1:6)

언약은 예정이 실현되는 구체적인 길

"위로부터의 예정론"의 맥락에서 본다면, 하나님의 선택은 언약의 옷을 입고 나타난다고 볼 수 있습니다. 네덜란드 개혁신학자 헤르만 바빙크는 언약이란 선택의 물줄기가 영원을 향해 진전해 가는 길이 된다고 했습니다.[38] 다시 말해, 언약은 예정이 실현되는 구체적인 방식이라는 것입니다. 언약은 하나님의 선택을 받은 자들이 최종 목적지에 이를 수 있는 길이 됩니다.

하나님께서 오직 은혜에 근거해서 세우신 은혜 언약에는 그어떤 조건도 있을 수 없습니다. 하나님은 구원도 은혜로 주시고, 구원 이후의 삶을 유지할 수 있는 능력도 은혜로 주십니다. 따라서 은혜 언약은 무조건적입니다. 하지만 은혜 언약이 구체적으로 시행될 때는 조건적 형식을 취합니다. 왜냐하면 그렇게 함으로써 하나님은 우리 인간이 자유 속에서 하나님을 사랑할 수 있도록 해 주시기 때문입니다. 하나님의 구원은 인간을 억지로 끌고 가는 것이 아닙니다. 성령님의 사전에는 강압이라는 단어가 없습니다. 주님은 설득과 권면을 통해서 우리가 자원하는 심령으로 언약적 요구에 순종하게 하십니다. 그리하여 인간이

---

38 바빙크, 『개혁교의학』, 3권 280.

지닌 자유와 고결함이 가장 빛나게 하셨습니다.

하나님의 예정이 실제로는 언약을 통해서 이렇게 실현된다는 것은 우리들의 신앙생활에 구체적으로 여러 가지 적용점을 줍니다.

5. 적용

인간의 자유를 보장해 주심

첫째로, 언약의 이러한 조건성은 인간의 이성적이고 도덕적인 본성을 인정하기 위해서입니다.[39] 쉽게 말해, 인간을 인간답게 대우하기 위해서 그렇다는 것입니다. 인간은 의식과 자유를 가진 존재입니다. 책임을 묻고, 의무를 이행할 수 있는 존재입니다. 하나님의 선택을 받은 자들은 언제나 자의식을 가지고 자

---

39 기독교 신앙은 초이성적인 경우가 있지만 반이성적이지 않습니다. 신앙과 이성, 신학과 철학의 관계에 대해서 17세기 위대한 개혁파 신학자 푸치우스(1589-1676)가 쓴 내용은 아래의 졸고를 참조하시기 바랍니다. B. Hoon Woo, "The Understanding of Gisbertus Voetius and René Descartes on the Relationship of Faith and Reason, and Theology and Philosophy," *Westminster Theological Journal* 75, no. 1 (2013): 45-63.

발적으로 언약에 동의합니다.

언약이 비록 삼위 하나님의 사역일지라도, 이러한 상호성, 쌍무성(雙務性)을 통해서 인간의 능력이 가장 잘 발현되며, 인간의 자유가 가장 빛나도록 했습니다. 인간의 자유를 가장 잘 보장해 주면서도, 동시에 인간의 의무와 책임을 가장 잘 강조하는 방식이 바로 언약이라는 길을 통해 예정이 실현되는 방식입니다.

개혁신학은 구원받은 성도들의 자발적 의지를 매우 소중하게 생각합니다. 우리의 열심 여부에 따라서 우리가 누리는 신앙생활의 풍성한 정도가 크게 달라집니다.[40]

---

40 『웨스트민스터 신앙고백』 제 5장 "섭리에 관하여"에서는, 하나님의 뜻과 인간의 자유의지가 함께 작용할 수 있다는 것을 아래와 같이 가르칩니다.
1. 만물의 위대하신 창조자 하나님은 모든 피조물, 활동, 사물을 가장 큰 것에서부터 가장 작은 것에 이르기까지 보존하시고, 지휘하시고, 배치하시고, 통치하시는데, 자기의 지극히 지혜롭고 거룩한 섭리로 하시고, 자기의 틀림없는 예지를 따라, 자기 뜻의 자유롭고 변하지 않는 계획을 따라 하시며, 자기의 지혜, 능력, 공의, 선하심, 긍휼하심의 영광의 찬송이 되도록 그렇게 하신다.
2. 물론 제1원인이신 하나님의 예지와 작정과 관계하여 만물은 변함없이 틀림없이 발생한다. 그러나 동일한 섭리에 의하여, 제2원인의 본성에 따라, 필연적으로나, 자유롭게, 또는 우연하게 일어나도록 명령하신다.

그리스도와 연합을 더욱 간절하게 느낌

둘째, 언약의 이러한 조건성으로 인해서, 우리 성도들은 그리스도께 더욱 붙어 있어야 할 필요성을 느끼게 됩니다. 구원이란 자동주의가 아닙니다. 나도 모르는 사이에, 저절로 구원받는 일은 없습니다. 구원이란 지속적인 하나님과의 교제입니다. 은혜 언약이 지닌 상호성을 통해서 우리는 한 치라도 선을 행하기 위해서는 한 시라도 주님으로부터 떨어져서는 안 된다는 것을 알게 됩니다.

성화(聖化)도 마찬가지입니다. 저절로 거룩하게 되는 일은 결코 없습니다. 성도가 거룩해지기 위해서는 끊임없는 싸움 속에서 분투해야 합니다. 그렇기에 신앙성장이 잘 이뤄지지 않는다고 낙담할 필요가 없습니다. 우리는 주님의 도우심을 믿고서 매일 조금씩 발전하는 것입니다.

---

3. 하나님은 그분의 통상적인 섭리 가운데 수단을 사용하신다. 그러나 임의대로 그것 없이, 그것을 초월하여, 그것을 거슬러서 자유롭게 역사하신다.

자녀들의 신앙교육

셋째로, 언약이 이러한 조건성을 지니기에, 우리 성도들은 서로 격려하여 함께 나아갈 것을 요구받습니다. 언약은 신자와 그 자녀들과 체결됩니다.[41] 그렇기 때문에 성도들은 자녀들이 언약의 길에서 벗어나지 않도록 늘 신앙교육에 힘써야 합니다.

개혁교회, 장로교회 성도들은 자녀가 아직 어린 상태에서 스스로의 신앙고백이 없다 하더라도 그들을 언약의 자녀로 봅니다. 나중에 장성하여 스스로의 의지로 주님을 부인하기 전까지는 신자라고 생각하며 돌보는 것입니다.[42] 그렇다 보니, 자칫 개혁교회, 장로교회 성도들은 자녀들의 신앙교육에 대해서 긴장감을 늦추고 소홀히 할 수도 있습니다. 하지만 예정과 언약에 대한 가르침은 그러한 태만을 경계합니다.

예정은 영원 속에서 하나님께서 하시는 일이지만, 그것은 언제나 시간 속에서, 구체적인 상황 속에서 실현됩니다. 우리가

41　바빙크, 『개혁교의학』(영어판) 4권, 499, 519, 527.

42　어린이의 신앙과 구원 문제와 유아세례에 대해서, 아래 문헌을 참조하세요. 칼뱅, 『기독교강요』 4.16.17-30; 바빙크, 『개혁교의학』(영어판) 4권, 154; Lyle D. Bierma, "Infant Baptism in Our Reformed Confession," *Calvin Theological Seminary Forum* (Fall 2008), 12-13.

성실하게 자녀들에게 신앙교육을 하고, 가정예배와 신앙적 대화를 통해서 자녀들을 믿음 안에서 양육할 때, 그것은 바로 하나님의 예정이 이뤄지는 데 동참하는 일인 것을 기억해야 합니다. 예정은 믿음의 가정 속에서 진전해 나갑니다. 개혁주의 교회의 성도들이 식사시간마다 자녀들과 함께 성경을 읽고, 매일 가정예배를 드리는 까닭이 여기에 있습니다.[43]

성도들의 상호 권면과 사회생활

교회 내에서 서로를 돌보고 권면하는 일도 마찬가지입니다. 예정은 개인적이지만, 언약은 언제나 공동체적이었습니다. 우리가 교회의 발전을 위해 애쓸 때, 하나님은 그것으로 주님의 예정을 이 땅 가운데 실현하고 계신 것입니다. 우리가 한 영혼의 구원을 위해 노력하며, 교회 내에서 한 영혼을 사랑하고 섬기기 위해 몸부림칠 때, 우리는 하나님의 언약을 믿고서 그렇게 행하는 것입니다.

성도의 사회생활에도 적용됩니다. 언약은 한 성도에게 속한 모든 것, 그의 가정, 재물과 소유, 영향과 권세, 직분과 직업, 지

---

43 조엘 비키, 『가정예배』, 김준범 옮김 (고려서원, 2003)를 참조하세요.

성과 마음, 학문과 예술, 사회와 국가 속에서 실현됩니다. 나만 선택받았다고 좋아하고 만족할 것이 아니라, 우리는 거기에서 더 나아가, 내가 속한 직장과 학교, 일터와 삶의 모든 자리가, 언약 백성의 선한 영향력이 발휘되는 장소임을 알아야 합니다.

하나님께서 한 사람을 구원하신 다음 즉시로 그를 데려가시지 않고, 이 땅에 계속해서 남겨두시는 까닭은, 그로 인하여 이 땅이, 이 사회와 국가와 세계 전체가 선한 영향을 받도록 하기 위해서입니다. 우리가 이 땅 가운데 하나님의 선택받은 자로서, 언약의 백성으로서 살아간다는 것은, 하나님의 자비와 은혜로써 이 세상 전체를 떠받들고 살아가도록 하기 위함입니다.

교회 내의 불신자(?) 문제

예정은 확고하고 결정된 것이지만, 언약 공동체는 예정 받은 사람 외에도 더 많은 사람들을 향해 열려 있는 것이기에, 교회 내의 불신자 문제나 성도의 자녀들 가운데 믿지 않는 자의 문제 등이 제기되었습니다. 그래서 여러 신학자들은 언약의 개념을 둘로 나누기 시작했습니다. 어떤 사람은 언약에는 외적 언약과 내적 언약이 있다고 하여, 외적 언약은 불신자까지도 포함될 수 있는 것으로 보고, 내적 언약은 택자로 제한했습니다.[44] 어떤 사람은 언약과 언약의 시행을 구분했습니다.[45] 실제적으로 언약이 시행되는 사람에게만 구원이 주어진다는 것입니다. 절대적 언약과 조건적 언약 사이를 구분하는 이도 있었습니다.[46] 심지어 소수의 신학자들은 아예 두 가지 언약이 있다고 했습니다. 즉, 택자들이자 참된 신자들과 맺은 언약이 있고, 올바른 신앙을 지니지 못한 교회의 외적 회원과 맺은 다른 언약이 있다는 것입니다. 이렇게 함으로써 아직 믿음이 확실하지 않은 사람들의 교회 회원권과 그들의 성찬 참여를 정당화하려고 시도했습니다.[47]

---

44 판 마스트리히트의 견해입니다.

45 올레비아누스의 견해입니다.

46 마레시우스의 견해입니다.

47 대표적으로 조나단 에드워즈의 외조부였던 솔로몬 스토다드는 "중도 언약"(the Half-Way Covenant) 개념을 제안했습니다. 스토다드가 목회할 때 원칙은 회심 체험이 있는 사람만이 그 자녀를 유아세례를 줄 수 있다는 것이었습니다. 그런데 문제가 발생했습니다. 회심한 크리스천 '갑'의 자녀인 '을'은 유아세례를 받았습니다. 그러나 '을'은 신실한 크리스천으로 살기는 했지만 회심체험이 없었습니다. 그래서 '을'의 자녀인 '병'은 유아세례를 못 받았습니다. '병'이 자랐을 때 세례를 못 받았기에 성찬에 참여할 수 없었습니다. '병'의 자녀인 '정'도 역시 유아세례를 못 받게 되었습니다. 이에 스토다드는 '병'과 '정'에게 "중도 언약"을 맺으라고 하고

칼뱅은 선택에 있어서 아우구스티누스의 전통을 따라서, 일반적 선택과 개별적 선택을 구분합니다.[48] 하지만, 모든 언약은 본질상 은혜 언약이라고 하여, 언약은 단일하다고 주장합니다. 『기독교강요』 3.21.5-7에서 칼뱅은 은혜 언약의 일원이 되는 것과 개별적 선택을 받는 것은 다르다고 주장합니다. 칼뱅은 두 종류의 선택, 즉 "넓은 의미의 선택"과 "좁은 의미의 선택"을 구분합니다. 왜냐하면 아브라함의 자손으로 부르심을 받거나 이스라엘 백성의 일원이 되더라도 구원받지 못한 자들이 있었기 때문입니다(롬 9:6, 창 17:7, 25:23, 겔 16:21, 마 15:24에 대한 칼뱅의 주석 참조). 이런 것을 보면, 하나님은 최종적으로 볼 적에 결국 은혜에서 떨어지게 될 자와도 언약을 맺으시는 것을 알 수 있습니다. 그런 뜻에서 칼뱅에게 은혜 언약이란 일종의 중도적

교회의 규율을 따르도록 했습니다. 그러면 성찬 참여권과 자녀의 유아세례 받을 자격을 부여했습니다. 이러한 중도언약 개념과 유사한 개념을 네덜란드에서는 J. Schuts, R. Schune 등이 제안했습니다(바빙크, 『개혁교의학』, 3권 283 참조).

48 어떤 신학자들은 은혜 언약의 백성이 되면 반드시 구원받는다고 봅니다. 그들은 은혜 언약의 범주와 개별적 선택의 범주가 같다고 보는 것입니다. 아브라함 카이퍼나 헤르만 훅스마가 그렇게 생각합니다. 그러나 칼뱅은 그렇지 않다고 말합니다. 은혜 언약에 들어왔다 하더라도 구원받지 못한 자들이 있을 수 있음을 지적하는 것입니다.

(中道的, middle way) 기능을 합니다.[49]

이런 것을 강조하기 위해서 칼뱅은 하나님의 "이중적 선택"에 대해 말합니다.[50] 일반적인 선택은 은혜 언약 안으로 부르시는 것입니다. 개별적 선택은 마음을 변화시켜 중생과 회심의 은혜를 주시는 것입니다. 여기서 일반적인 선택으로 은혜 언약 안으로 부르시는 것에서 하나님의 주권이 나타나며, 인간이 그 언약 안에서 믿음으로 반응해야 한다는 점에서는 인간의 책임성이 나타납니다. 그러나 칼뱅은 인간의 반응 역시 하나님의 두 번째 은혜(second grace)라고 하여, 구원은 전적으로 하나님의 은혜에 달려 있음을 강조합니다.

요약하자면, 은혜 언약은 하나이며, 언약을 받은 자들 가운데 택자들이 있다는 것입니다. 이렇게 언약의 범주와 선택의 범주가 정확하게 일치하지 않지만, 우리는 언제나 교회 안의 성도들을 대할 때에, 함께 구원받은 성도로서 대해야 합니다. 곡식들 가운데 알곡과 가라지가 있을지라도, 우리에게는 그것을 구분해 낼 능력도 없고, 그렇게 할 권리도 없습니다(마 13:24-30).

---

49 칼뱅은 『기독교강요』 3.21.7에서 은혜 언약에 대해 "일종의 중도적인 것"(medium quiddam)이란 표현을 씁니다.

50 Corpus Reformatorum XXVII, 47. 신명기 10장 15-17절 설교.

마지막 날에 하나님께서 공의로 심판하실 것입니다. 가끔씩 다른 이들의 믿음을 쉽게 판단하는 이들이 있는데 옳지 않습니다. 우리는 함께 신앙생활하는 이들을 같이 언약의 길로 가는 동지로서 귀하게 여겨야 합니다.

그리스도께서 주시는 구원을 이렇게 언약으로 설명하다 보면, "나는 과연 구원받았을까?"하는 의문이 듭니다. 하나님의 선택에 대해서 어떻게 확신할 수 있을까요? 칼뱅이 이에 대해 친절하고 적절한 답을 주고 있습니다.

6. 나는 과연 선택 받았을까?

칼뱅은 성도라 할지라도 자신의 구원 여부에 대해서 질문하는 것은 당연하며, 자신이 구원받았는지 아닌지를 자주 생각하지 않는 사람은 드물다고 말합니다(『기독교강요』3.24.4).[51] 하지만 칼뱅은 내가 하나님의 선택을 받았는지 그렇지 않은지에 대해서 판단할 때 조심해야 할 것을 경고합니다. 이 문제를 생

---

51 영어 번역자인 배틀즈는 『기독교강요』 3.24.4의 제목을 "선택에 대한 확신을 얻는 바른 방법과 그른 방법"이라고 적절하게 붙여놓았습니다.

각하는 것은 넓은 바다를 항해하는 것처럼 위험할 수 있지만 올바른 뱃길을 따라 항해하기만 하면 안전하다고 말합니다. 칼뱅은 내가 구원받았는지 아닌지를 판단하는 몇 가지 기준점들을 제시합니다(3.24.4-8).

우선, 자신이 하나님으로부터 매일 은혜를 받는가 하는 점입니다. 칼뱅은 하나님께서 주시는 은혜는 일종의 증거물과 같다고 했습니다. 은혜는 선택에서만 유래하기 때문입니다 (3.24.4).

둘째로, 칼뱅은 그리스도를 계속해서 바라보는 것이 중요한 표시라고 했습니다. 칼뱅은 그리스도가 우리 "선택의 거울"이라고 주장했습니다(3.24.5; 3.22.1). 우리가 하나님의 자비하심을 찾으려면 오직 그리스도를 바라봐야 하기 때문입니다. 성경에서 우리를 그리스도 안에서 선택했다고 말씀하는 까닭도 그 때문이라고 칼뱅은 말합니다(엡 1:4).

셋째, 칼뱅은 그리스도와 지속적인 교제를 누리는 것이 "선택의 분명하고도 확고한 증거"라고 했습니다(3.24.5). 마치 몸이 머리와 연결되어 있듯이, 성도는 그리스도와 연결되어 있어서 끊임없이 그리스도와 소통하게 되어 있기 때문입니다.

넷째, 칼뱅은 그리스도를 믿음으로 영접한 사람은 누구나 다 선택받은 사람이라고 말했습니다. 그리스도께서는 "하나님 아버지의 영원한 지혜이며, 불변의 진리이며, 견고한 계획"이십니다(3.24.5). 따라서 그리스도를 영접한 자는 모든 것을 얻은 것입니다.

다섯째, 칼뱅은 선택에 대한 확신은 하나님에 대한 "기도"를 촉진시킨다고 말합니다(3.24.5). 다시 말해, 하나님의 약속을 믿고서, 기도 가운데 지속적으로 하나님께 나아가는 자는 선택 받은 자라는 뜻입니다.

여섯째, 부르심을 받은 사람은 선택받은 자입니다(3.24.6). 선택은 부르심으로 나타나기 때문입니다. 여기서 부르심이란 (1) 말씀의 선포와 (2) 성령의 조명입니다(3.24.2). 양이 목자의 음성을 듣듯이, 복음의 말씀을 듣고 그리스도께 나아오는 자들 은 모두 선택된 자들입니다(요 10:3).

일곱째, 하나님을 진실하게 신뢰하는 자들은 선택받은 자들 입니다(3.24.7). 반대로 선택되지 않은 자들은 진심으로 그리스 도를 신뢰하고 그분께 매달린 적이 없는 자들입니다. 칼뱅은 전 심으로 신뢰해야만 선택을 확신할 수 있다고 말합니다.[52] 하지 만 칼뱅은 참으로 믿는 사람은 결코 구원에서 탈락하지 않는다 고 주장합니다(3.24.8).

---

52 이런 의미에서 "믿음은 하나님에 대한 전적인 의존의 마음"이라고 정의할 수 있습니다(김남준 목사의 정의).

여덟째, 선택받은 자들이라 할지라도 두려움과 떨림이 있어야 한다고 칼뱅은 주장합니다(3.24.8). 이것은 선택을 빼앗길까 봐 생기는 두려움이 아니라, 하나님께 더욱 겸손하게 나아갈 때 자연스럽게 따라오는 두려움입니다(빌 3:12).

아홉째, 칼뱅은 미래에 대해서, 죽음의 저편에 대해서 확고한 소망을 가진 자는 선택받은 자임을 강조했습니다. 장래를 의심하는 것은 소망과 가장 반대됩니다. 내세에 대해서 분명한 확신을 갖고 사는 자들은 구원받은 자들입니다(3.24.7; 3.2.39).

마지막으로, 칼뱅은 선행과 거룩한 생활이 선택의 증거라고 했습니다(3.23.12). 구원받은 사람은 선택의 목적인 거룩한 삶을 열망하고, 선의 추구에 몸을 바치게 되어 있습니다(엡 1:4). 그렇다고 해서 칼뱅이 여기서 "완전한 삶"을 말하는 것은 아닙니다. 선행과 거룩한 삶을 위해 계속 노력하는 태도를 말하는 것입니다.

위에서 열거한 열 가지 특징이 모두가 구원받은 사람, 선택된 사람의 특징입니다. 그런데 곰곰이 생각해 보면, 참된 성도의 삶에는 이 열 가지 특성이 당연히 나타나는 것이 정상입니다. 칼뱅이 제시하는 기준은 그렇게 쉬운 것은 아니지만, 그렇다고 해서 그렇게 까다로운 조건들도 아닙니다.

물론, 누가 구원받았는가 하는 문제는 오로지 하나님만이 최종적으로 아십니다. 하지만 성도 개개인은 자신의 구원 여부에 대해서 늘 안절부절못한 상태로 살아가지 않습니다. 하나님은 우리가 구원의 확신 가운데서 감사하며 살아가길 원하십니다.

선택된 자들은 반드시 하나님께서 지켜주십니다(3.24.6). 따라서 끝까지 하나님께 붙어 있는 자들은 선택된 자들입니다. 하지만 칼뱅은 이러한 "견인"은 인간의 일이기 이전에 그리스도의 일이라고 강조합니다. 그리스도께서는 아버지께서 주신 자들 가운데 하나라도 잃지 않을 것입니다(요 10:27).

위와 같은 열 가지 표지들은 모두 하나님의 은혜 없이는 불가능한 것들인데, 반대로 하나님의 은혜를 받은 사람에게는 당연히 나타나는 일들입니다. 우리는 칼뱅이 제시한, 선택에 대해 확신을 얻는 올바른 방법을 항해 지도로 삼아, 우리의 믿음의 항해를 잘 해나가야 하겠습니다.[53]

---

[53] 탁월한 청교도 신학자였던 윌리엄 퍼킨스(William Perkins, 1558-1602)는 말하기를, 언약 자체는 양면적 기능을 한다고 했습니다. 자신의 신앙이 올바르면 기쁨과 평안을 주지만, 신앙이 부족하면 구원의 불안을 느끼게 된다는 것입니다.

구원, 그리스도의 선물

7. 결론

개혁신학의 예정론과 언약론은, "우리의 구원이 우리 공로
에 달려 있는 것이 아니라 하나님의 은혜에 달려 있다"라는 사
실과 "우리가 주님을 신실하게 섬길 때 주님께서 복을 주신다"
라는 사실이 충돌되지 않음을 훌륭하게 보여줍니다. 개혁신학
은 인간의 힘으로 구원을 얻을 수 있다는 펠라기우스주의와 '아
무렇게나 되어라'고 생각하는 운명론 모두를 거부하고 있습니
다. 그것은 인간이 은혜로 구원받았지만, 로봇처럼 수동적으로
살도록 구원받은 것이 아니라, 인격을 가진 존재자로서 하나님
을 닮은 자유와 사랑 가운데 주님께 책임 있게 반응하며 살도록
구원받은 것임을 매우 아름답게 그리고 아주 성경적으로 잘 묘
사해 주고 있습니다.

〈나눔을 위한 질문〉

1. 예정교리에 대해서 평소에 가졌던 의문 중에서 이 책을 읽으면서 해결된 부분이 있다면 함께 나누어 봅시다.

2. 사도 바울은 예정론을 분명히 믿었고, 확고하게 가르쳤습니다(롬 9; 엡 1 참조). 그러나 그는 최선을 다해서 복음을 전하며 하나님께 순종하며 살았습니다. 이를 볼 때 예정론은 어떤 점에서 운명론과 다르다고 할 수 있을까요?

3. 언약적 신앙생활은 복음으로 나를 부르신 하나님께 신실하게 반응하는 삶으로 나타납니다. 최근에 하나님의 말씀을 순종하기 위해 노력했던 순간이 있다면 나눠봅시다.

4. 언약은 언제나 공동체적으로 나타납니다. 나는 지금 어떤 신앙의 공동체에 속해 있습니까? 그 안에서 나의 일은 어떻게 공동체에 기여할 수 있습니까?

5. 칼뱅은 선택받은 사람 즉 구원받은 사람의 특징을 열 가지로 제시했습니다. 이 중에서 나에게 나타나는 모습은 무엇이고, 부족한 면은 어떤 것입니까? 서로 격려하고 돕기 위해서 어떤 일을 할 수 있을지 나눠봅시다.

구원, 그리스도의 선물

제 3 장

언약의 옷을 입고 나타난 예정
(칼뱅과 바빙크의 예정론과 언약론)

언약의 옷을 입고 나타난 예정
(칼뱅과 바빙크의 예정론과 언약론)[1]

3장에서는 자신이 살았던 시대에 가장 탁월한 개혁주의 신학자로 인정받았던 칼뱅과 바빙크의 예정과 언약에 대한 가르침을 제시합니다. 이 주제에 대해 이 두 신학적 거인의 가르침은 근본적으로 일치합니다. 하지만 각자가 특색 있게 예정론과 언약론을 연결시키고 있습니다.

개혁주의 신학의 중요한 기여는 언약론입니다. 최근에 개혁주의 언약론은 많은 비판을 받아왔습니다. 그 비판 가운데 몇 가지를 대표적으로 요약하고, 그런 비판이 왜 잘못되었는지 설명해보겠습니다.

---

1 3장의 내용은 2장과 겹치는 부분이 있지만, 본 장에서 좀 더 구체적인 문헌들을 제시하여 다루었습니다.

1. 개혁신학의 언약론에 대한 오해

16-17세기 개혁신학이 남긴 신학적 유산 가운데, 구원론에 있어 가장 큰 기여로서 예정론과 언약론을 들 수 있습니다. 물론 예정론은 이미 교부 시대부터 신학화되어 왔던 것으로, 대표적으로 펠라기우스파를 대항하여 아우구스티누스가 쓴 글들 가운데 풍부하게 표현되어 있습니다. 그런데, 언약론은 상황이 좀 다릅니다. 언약론이 종교개혁 시기에 비로소 생겨났다고 볼 수는 없으나,[2] 종교개혁 신학, 그중에서도 유독 개혁신학이 언

---

2 중세 언약 이론의 논의는 크게 (I) 정치적 논의와 (II) 신학적 논의 두 가지로 나눠집니다. (I) 정치적 논의는 다시 (1) 사회 계약론과 (2) 맹세 관습으로 나눠집니다. (II) 신학적 논의는 다시 (3) 하나님의 절대적 권능(potentia absoluta)과 규정된 권능(potentia ordinata)에 대한 논의와 (4) 공로(merit)에 대한 논의, (5) 무엇보다 구약과 신약의 통일성에 대한 논의, (6) 아브라함 언약, 모세 언약, 예수 그리스도 언약에 대한 논의, (7) 율법과 복음에 대한 논의 등으로 나눠집니다. 사실상 중세의 언약 신학에 대한 논의는 거의 연구가 안 되어 있지만, 아래의 책들에서 아주 기초적인 연구가 제시되어 있습니다. William J. Courtenay, *Covenant and Causality in Medieval Thought: Studies in Philosophy, Theology, and Economic Practice* (London: Variorum Reprints, 1984); Berndt Hamm, *Promissio, Pactum, Ordinatio: Freiheit und Selbstbindung Gottes in der scholastchen Gnadenlehre* (Tübingen: Mohr Siebeck, 1977); Andrew Alexander

약론을 풍성하게 발전시킨 것은 역사적으로 충분히 고증된 사실입니다.[3]

Woolsey, "Unity and Continuity in Covenantal Thought: A Study in the Reformed Tradition to the Westminster Assembly" (Ph.D. dissertation, University of Glasgow, 1988). Woolsey의 논문은 글래스고 대학 홈페이지에서 제공합니다. http://theses.gla.ac.uk/773/

3 언약 신학은 16세기 초중반부터 하나의 단일한 주제로서 본격적으로 논의가 되었습니다. 불링거(1504-1575)는 1534년에 『하나님의 유일하며 영원한 유언 또는 언약에 관하여(De testamento seu foedere Dei unico et aeterno)』라는 책을 단행본으로 저술했고, 칼뱅 역시 그의 『기독교강요』와 설교 및 주석에서 언약에 대해 지속적으로 다루었습니다. 그러다가 1640년경 코케이우스가 처음으로 언약 사상으로 성경 전체를 설명했습니다. "구속언약"(*pactum salutis*)에 대한 개념도 1635-45년대에 아주 활발하게 논의됩니다. 아래 문헌들을 참조하세요. Willem J. van Asselt, *The Federal Theology of Johannes Cocceius* (1603-1669) (Leiden: E. J. Brill, 2001); J. Mark Beach, "The Doctrine of the Pactum Salutis in the Covenant Thought of Herman Witsius," *Mid-America Journal of Theology*, 13 (2002), 101-142; Richard Muller, "Toward the Pactum Salutis: Locating the Origins of a Concept," *Mid-America Journal of Theology* 18 (2007): 11-65; Richard Muller, "The Covenant of Works and the Stability of Divine Law in Seventeenth-Century Reformed Orthodoxy: A Study in the Theology of Herman Witsius and Wilhelmus a Brakel," *Calvin Theological Journal* 29, no. 1 (1994): 75-100. 마지막 논문은 리처드 멀러, 『칼빈 이후 개혁신학』,

구원, 그리스도의 선물

개혁파 신학은 성경 전체를 하나님의 언약으로 보았습니다. 개혁파 신학 외에 그 어떤 신학도 성경 전체를 언약의 관점에서 관통하지 않았습니다. 루터는 "복음"이 구약과 신약을 연결해 주는 고리가 된다고 보았지, "언약"이 그렇다고 말하지 않았습니다. 루터를 뒤이은 루터파 신학도 역시, 구원의 통일성은 복음과 약속으로 보장된다고 보았습니다. 그러나 개혁파는 달랐습니다. 개혁파 신학은 구약과 신약을 이어주는 개념은 바로 언약이며, 구원의 통일성은 언약적 통일성으로 보장된다고 보았습니다. 개혁파는 이런 관점에서 구약에 접근하고 석의했습니다. 그들은 하나님의 구원 역사 자체를 언약의 발전으로 보았습니다. 루터파는 결코 언약을 큰 스케일로 발전시키지 않았습니다. 그러나 개혁파는 언약을 큰 스케일로 강조했습니다. 개혁파 신학은 하나님의 작정과 구원의 경륜도 삼위 하나님의 언약으로 봅니다. 이를 "구속 언약"(pactum salutis)이라고 합니다.[4]

429-63에 번역되어 있습니다.

4 구속 언약(pactum salutis)에 대해서는 아래 문헌들을 보세요. 존 페스코, 『삼위일체와 구속 언약』, 전광규 옮김 (서울: 부흥과개혁사, 2019); 우병훈, "데이빗 딕슨의 구속 언약의 특징과 그 영향," 「개혁논총」 34 (2015): 63-112; B. Hoon Woo, *The Promise of the Trinity: The Covenant of Redemption in the Theologies of Witsius, Owen, Dickson,*

1528년의 주석에서 외콜람파디우스는 "삼위 사이의 언약"에 대해 말합니다. 칼뱅은 성경 전체가 하나의 언약이 다양한 집행으로 나타난 것이라고 말했습니다. 개혁파 신학은 이렇듯 언약적입니다.

그러나 16-17세기 개혁파 신학의 언약 신학에 대한 현대 학자들의 오해가 상당히 많습니다. 오해는 크게 보아 세 가지로 요약됩니다.

A. 가장 기초적인 오해는, 칼뱅의 예정론이 너무 하나님 주권 중심으로 강하게 전개되는 바람에 이를 보충 또는 경계하기 위해서, 개혁파 언약 신학이 특별히 불링거를 중심으로 형성되었다는 오해입니다.[5]

B. 또 다른 오해는 개혁파 언약론은 중세 신학의 펠라기우스적 요소를 도입한 개혁 신학 내의 나쁜 변형이라는 것

Goodwin, and Cocceius (Göttingen: Vandenhoeck & Ruprecht, 2017).

5 대표적으로 베이커와 맥코이가 이런 주장을 합니다. J. Wayne Baker, *Heinrich Bullinger and the Covenant: The Other Reformed Tradition* (Athens: Ohio University Press, 1980); Wayne Baker and Charles McCoy, *Fountainhead of Federalism* (Louisville: John Knox Press 1991).

구원, 그리스도의 선물

입니다.[6]

C. 또 다른 오해로서 개혁파 언약론은 스코투스의 주의주
   의적(voluntarist) 신학을 적극 반영하여 발전시킨 이론
   이라는 주장이 있습니다.[7]

6　이 주장의 대표자는 토런스 형제들입니다. James B.
　　Torrance, "Calvin and Puritanism in England and
　　Scotland—Some Basic Concepts in the Development
　　of 'Federal Theology'," in *Calvinus Reformator: His
　　Contribution to Theology, Church and Society* (Potchefstroom
　　University for Christian Higher Education, 1982), 273-
　　76에서 토런스는 개혁신학의 언약론은 "중세의 자연과
　　은총의 이분법을 다시 형성시킨 나쁜 신학"이라고
　　주장합니다. James B. Torrance, "Covenant or Contract?
　　A Study of the Theological Background of Worship in
　　Seventeenth-Century Scotland," *Scottish Journal of Theology*
　　23 (1970), 51-76. James B. Torrance, "Introduction,"
　　in John McLeod Campbell, *The Nature of the Atonement*
　　(Grand Rapids, MI: Eerdmans, 1996), 6에서는 개혁파의
　　언약신학은 모두 다 언약(covenant)과 계약(contract)을
　　혼동함으로써, 율법주의적 신앙을 배태했다고 주장합니다.
　　J. B. Torrance의 형인 T. F. Torrance 역시 언약신학에
　　대해 비판적이었습니다. 아래 문헌들을 보세요. Thomas
　　F. Torrance, *School of Faith: The Catechisms of the Reformed
　　Church* (London: J. Clarke, 1959); Thomas F. Torrance,
　　Scottish Theology: From John Knox to John McLeod Campbell
　　(Edinburgh: T.&T. Clark, 1996).

7　스트렐의 주장입니다. Stephen Strehle, *Calvinism,
　　Federalism, and Scholasticism: A Study of the Reformed*

이 글은 위의 세 가지 오해 가운데,[8] 첫 번째 오해를 해소해 보려는 목적을 가지고 있습니다. 이 첫 번째 견해를 가장 강력하게 주장하는 학자로 웨인 베이커를 들 수 있습니다. 그는 소위, "두 전통들 이론"(the "two traditions" thesis)을 제안했습니다. 개혁파 신학 내에서는 서로 상반되는 두 전통들, 즉 제네바의 칼뱅 전통과 취리히의 불링거 전통이 있다는 것입니다. 칼뱅이 예정론 중심의 신학을 전개했다면 불링거는 언약론 중심

Doctrine of Covenant (Paris: Peter Lang, 1988), 314-318; Stephen Strehle, *The Catholic Roots of the Protestant Gospel: Encounter Between the Middle Ages and the Reformation* (Leiden: Brill, 1995), 92, 128.

8 이에 대해서는 다음과 같이 간략한 답변이 주어집니다. A. 칼뱅의 언약 이론과 불링거의 언약 이론은 근본적으로 차이가 없다는 것이 증명되었습니다. B. 개혁파 언약론은 스코투스를 중심으로 한 프란체스코 종단의 반(半) 펠라기우스적 요소를 아주 철저하게 배제합니다. 반면 개혁파 언약론은 도미니코 종단에서 중요한 자리를 차지하던 토마스 아퀴나스의 은혜 중심의 공로 사상을 좀 더 그리스도 중심적, 하나님 주권 중심적으로 발전시켰습니다. C. 개혁파 언약론은 주지주의적도 아니고 주의주의적도 아닌 입장에 있습니다. 개혁파 언약 신학은 하나님의 자유롭고 기쁘신 뜻(eudokia)에 근거한 언약 체결과 하나님의 약속의 말씀에 근거한 언약 유지를 주장하고 있습니다.

의 신학을 전개했고, 칼뱅이 구원론에 있어 일방적 모델을 추구
했다면 불링거는 쌍방적인 모델을 지향했다고 베이커는 주장
했습니다. 이에 대하여, 라일 비어마는 폭넓고 자세한 원전 연
구를 바탕으로 아주 철저하게 반박했습니다.[9] 비어마는 칼뱅의

---

9 비어마(1983:304)에 따르면, 이 주장을 처음으로 제안한
학자는 트린터루드(Trinterud)였습니다. Leonard Trinterud,
"The Origins of Puritanism," *Church History* 20 (1951):
37-57. Lyle D. Bierma, "Federal Theology in the 16th
Century: Two Traditions?", *Westminster Theological Journal*
45, no. 2 (1983): 304-321. 이 논문의 304-10에서 "두
전통들 이론"의 발전사에 대해 잘 요약정리해 놓았습니다.
결론부(321)에서 비어마는 "츠빙글리, 불링거, 칼뱅,
올레비아누스, 무스쿨루스, 우르시누스, 퍼킨스 등을
포함한 16세기의 모든 개혁파 언약 신학자들은 신단일론적
구원론의 맥락에서 은혜 언약 안에 있는 일방성과 쌍방성
모두를 인정했다."라고 주장합니다. Bierma, "Heinrich
Bullinger and the Covenant: The Other Reformed
Tradition," *Calvin Theological Journal* 16, no. 2 (1981):
222-224; Bierma, "Heinrich Bullinger and the Covenant:
The Other Reformed Tradition." *Church History* 51, no.
3 (1982): 347-348; Bierma, "The Covenant Theology of
Caspar Olevian" (Ph.D. Dissertation, Duke University,
1980); Bierma, *German Calvinism in the Confessional Age:
The Covenant Theology of Caspar Olevian* (Grand Rapids, MI:
Baker Book House, 1996), 31-62. 아래의 문헌도 보세요.
Richard A. Muller, *The Unaccommodated Calvin* (New
York: Oxford University Press, 2000), 155, 183, 253n89-
90, 254n93. 한역: 『16세기 맥락에서 본 진정한 칼뱅신학』,

신학은 예정론이 중심 교리가 된 적이 한 번도 없으며, 도리어 그 안에 언약에 대한 풍부한 교리들이 내재되어 있음을 보여 주었습니다. 반대로, 불링거의 신학 안에도 역시 예정론과 언약론이 모두 들어 있으며, 불링거 역시 칼뱅이 주장했던 이중예정론을 주장하기도 했음을 비어마는 엄밀한 역사적 문헌 연구를 통해 잘 보여주었습니다.[10]

이은선 옮김 (서울: 나눔과섬김, 2003).

10 불링거는 그의 『설교집』(Decades)에서는 예정론을 이중적 작정으로 정의하지만, 『제 2 스위스 고백서』(The Second Helvetic Confessions, 1566)에서는 단일 예정론을 주장하기도 합니다. 즉, 하나님이 인류의 일부는 선택하고 나머지는 그 자체로 내버려 두셔서 결국 정죄될 수밖에 없다고 한 것입니다. 하지만 칼뱅과 마찬가지로 불링거는 오직 택자만이 구원받으며 선택은 인간의 믿음에 대한 신적인 예지에 의지하지 않는다는 입장을 분명히 밝히고 있습니다. 불링거가 타락을 하나님의 영원한 작정에 포함시키는 것과 예정론을 어느 정도까지 설교해야 하는지에 대해서, 칼뱅과 입장이 달랐다 하더라도, 그 차이는 과장되어서는 안 됩니다. 불링거의 개인적 신학 진술(『설교집』)과 공적인 신학 진술(『제 2 스위스 고백서』)이 차이가 난다 하더라도, 칼뱅과 불링거의 원칙적 입장은 동일했기 때문입니다. 멀러, 『칼빈 이후 개혁신학』, 39쪽을 참조하세요. 이렇게 개혁신학 내의 입장 차이를 고려하여, 멀러는 "단일하나 다채로운 개혁주의 전통"(a single but variegated Reformed tradition)이란 표현을 선호합니다(멀러, 앞 책, 30-31).

구원, 그리스도의 선물

개혁주의 예정론과 언약론이 서로 모순인 것처럼 보이는 까닭을 설명합니다. 두 가르침이 지향하는 지점이 다릅니다.

2. 예정과 언약의 갈등?

'개혁주의 예정론과 언약론이 과연 조화될 수 있는가'라는 의문이 드는 것은 사실입니다. 무조건적으로 예정하신 하나님이 다시 언약을 주셔서 어떤 조건 하에 구원을 주시는 것 같기 때문입니다. 예정은 일방적인데 반해서, 언약은 쌍방적입니다. 예정은 우리와 무관하게 우리 밖에서 우리를 위하여 일어난 일인데 반해, 언약은 우리 안에서 우리와 함께 유지됩니다. 예정은 영원 전에 이미 결정된 일이지만, 언약은 시간 속에서 우리의 삶과 더불어 진행됩니다. 예정에서 하나님은 단독적으로 일하시지만, 언약에서 하나님은 우리의 반응과 순종을 기다리십니다. 예정은 절대 파기될 수 없지만, 언약은 인간의 순종 여부에 따라 결정되는 요소가 있습니다. 예정에서 하나님은 인간 한 사람 한 사람을 개별적으로 부르시지만, 언약에서 하나님은 신자와 그 자녀들을 함께 공동체적으로 부르십니다. 예정은 단 한 번의 결정이지만, 언약은 구원 역사 속에서 다양한 모습으로 나타났습니다. 예정에서 우리 자신의 독특성이 고려되지 않지만, 언약에서는 우리 삶의 모든 측면이 다 함께 고려되는 것 같습니다. 예정은 폭이 좁고 한정되어 있는 것 같은데, 언약의 틀은 범위가 넓고 택자(=구원 받기로 예정된 사람)가 아니라도 들어와 있는 것 같습니다. 우리가 보기에 이렇게 서로 충돌되는 것 같은 두 원리를, 개혁신학은 잘 통합했습니다. 언약론을 다룬 개혁신학자들은 예정론과 언약론이 잘 연결된다고 생각했고, 그 중에 아무도 이 둘이 서로 모순된다고 생각하지 않았습니다. 그런데 문제는 예정과 언약이 '어떻게' 연결되는가 하는 것입니다. 이 글에서는 칼뱅과 바빙크를 중심으로 예정론과 언약론이 어떤 식으로 결합하는가를 살펴봄으로써, 개혁주의 구원론의 중요한 한 측면을 이해해 보려고 합니다.

칼뱅의 사상에서 예정론과 언약론이 어떻게 잘 조화를 이루고 있는지를 보여줍니다. 칼뱅은 오직 하나님의 은혜가 기반이 되어야만 언약적 삶이 시작될 수도 있고 지속될 수도 있기 때문에, 모든 언약은 은혜 언약이라고 합니다. 언약이란 예정이 실현되는 중간 상태입니다. 구원받은 자는 당연히 언약적 명령에 신실하게 순종하면서 삽니다. 예정론이 인간을 기계처럼 만들지 않고, 인격을 가진 하나님의 형상으로 바르게 세우는 데 도움이 되는 교리임을 칼뱅은 바르게 보여줍니다.

3. 칼뱅에게 있어서 예정과 언약

선택의 은혜성을 보여주는 언약

칼뱅은 예정과 언약의 관계성을 예정론과 언약론에서 두루 다룹니다.[11] 그는 이스라엘의 선택을 가지고 예정과 언약의 관계를 설명합니다. 이스라엘 백성들을 선택하신 것은 하나님의 선택이 가지는 은혜의 측면을 아주 잘 보여줍니다. 신명기에서 말하고 있듯이, 하나님께서 이스라엘을 택하신 것은 그들의 조건이 좋아서가 아니었고, 다만 하나님께서 그들을 사랑하셨기 때문이었습니다.[12] 그와 같이 하나님의 선택은 인간이 가진 가치나 행위

---

11 『기독교강요』에서는 예정론에서 예정과 언약의 관계를 다룹니다(3.21.5-7). 그의 설교나 주석에서는 언약론에서 예정을 함께 다루는 경우가 많습니다. 이 주제에 관하여는 아래 문헌을 참조하세요. Anthony A. Hoekema, "The Covenant of Grace in Calvin's Teaching," *Calvin Theological Journal* 2, no. 2 (1967): 133–161; Peter A. Lillback, *The Binding of God: Calvin's Role in the Development of Covenant Theology* (Grand Rapids, MI: Baker Academic, 2001). 한역: 피터 릴백, 『칼빈의 언약사상』(원종천 역, CLC, 2009).

12 (신 7:7-8) 7. 여호와께서 너희를 기뻐하시고 너희를 택하심은 너희가 다른 민족보다 수효가 많기 때문이 아니니라 너희는 오히려 모든 민족 중에 가장 적으니라

의 공로에 의해서 결정되는 것이 아니라, 오직 하나님의 자비와 은혜에 근거합니다. 칼뱅은 이러한 원칙이 언약에도 역시 적용된다고 주장합니다. 사실 하나님께서 이스라엘 백성들을 선택하신 것은, 구체적 역사에서는 그들과 언약을 맺으심으로 드러났습니다. 선택의 결과로서 언약이라는 은혜가 주어진 것입니다.[13]

언약이 오로지 은혜의 결과이기에 칼뱅은 모든 언약은 은혜 언약이라고 강조합니다. 칼뱅은 "은혜 언약"이라는 말을 『창세기 주석』에서 제일 먼저 언급합니다.[14] 하나님께서 아브라함과 언약을 맺으신 이유는 그가 잘나서 그런 것이 아니라, 순전히 하나님의 사랑과 자비 때문이었습니다.[15] 마찬가지로, 언약의 백성들은 그들의 구원의 근거와 이유를 오로지 하나님 안에서 구해야 합니다.[16]

이 사실을 칼뱅은 『신명기 설교』에서도 여러 차례 강조합니

---

8. 여호와께서 다만 너희를 사랑하심으로 말미암아, 또는 너희의 조상들에게 하신 맹세를 지키려 하심으로 말미암아 자기의 권능의 손으로 너희를 인도하여 내시되 너희를 그 종 되었던 집에서 애굽 왕 바로의 손에서 속량하셨나니

13 『기독교강요』 3.21.5.

14 창세기 12장 1절을 주석하면서 칼뱅은, "아브라함에게 주신 언약이 은혜 언약"이었음을 말합니다.

15 마찬가지 맥락에서 칼뱅은 여기서 예지예정(豫知豫定)을 반대합니다.

16 『기독교강요』 3.21.5.

다.[17] 신명기 7장 7-10절 설교에서 그는 이렇게 말합니다. "모세와 맺으신 언약은 오로지 하나님의 선하심에만 근거하며 다른 어떤 것에도 의존하지 않습니다. 따라서 우리가 그런 은혜를 받을 자격이 있는 것처럼 어리석게 생각해서는 안 됩니다." 신명기 26장 16-19절 설교에서 칼뱅은 "인간이 하나님의 은혜를 받을 자격이 있다고 말하는 것은 미친 소리"라고 말합니다.[18] 또 다른 설교에서 칼뱅은 "하나님은 언약을 맺기 위한 조건으로 '완벽한 순종'을 요구할 수도 있으셨지만 그렇게 하지 않으셨습니다."라고 말합니다.[19] 칼뱅은 "하나님께서 황송하게도 피조물과 언약을 맺기 위해 친히 낮추셨습니다. 그것은 마치 하나님께

---

17 칼뱅은 총 201번에 걸쳐 신명기를 설교했습니다. 버크파슨스 편저, 『교리·예배·삶의 균형을 추구한 사람, 칼빈』, 123.

18 칼뱅의 글에는 이런 거친 표현들이 종종 나옵니다. 당시의 수사학에서 자기 견해를 더욱 효과적으로 설득시키기 위해서 필요한 요소라고 가르쳤기에, 수사학 교육을 잘 받은 칼뱅도 역시 그런 규칙을 따른 것으로 이해해야 합니다. 물론 오늘날의 글쓰기에 적용될 수는 없습니다. 오늘날과 같이 인터넷상에서 지나친 독설과 비방, 욕설과 인격 모독이 난무하는 세상에서는 상대방을 존중하면서 글을 쓰는 것이 필요합니다.

19 신명기 4장 44절-5장 3절 설교, Corpus Reformatorum XXVI, 242.

서 '나는 나의 권리를 자제했다. 나는 너의 지도자와 구세주가 되기 위해 내 몸을 너에게 바쳤다'라고 말씀하시는 것과 같습니다."라고 설교합니다.[20]

그러나 하나님은 언약 관계 속에 있는 인간들이 그 은혜에 책임 있게 반응하도록 요구하신다고 칼뱅은 주장했습니다. 하나님께서 주님의 종들에게 삶의 올곧음(uprightness)과 거룩을 요구하신 까닭은 그들이 잘못 삶으로 인해 주님의 선하심이 조롱당하지 않도록 하기 위해서입니다(『기독교강요』 3.17.5). 신명기 7장 11-15절 설교에서 칼뱅은 다음과 같이 역설합니다.[21]

주님의 뜻은 우리가 주님의 목소리를 따라 화음을 내는 것입니다. 우리들의 삶이 그렇게 되어서 주님께서 우리 때문에 고통스러워하지 않으시도록 합시다. 주님께서 시간 낭비를 하지 않으시도록, 오히려 주님의 사랑이 우리의 선행 가운데 늘 역사하도록 합시다. 그리하여 주님께서 조롱당하지 않으시며, 주님의 선하심이 허비되는 일이 없도록 합시다. 우리가 받은 자유가 사단의 도구가 되지 않아야 합니다. 우리는 우리 편에서의 의무를 다해야 합니다. 주님께서

---

20 장 칼뱅, 『신명기 강해 2』, 곽홍석 옮김 (서울: 서로사랑, 2010), 251(약간 수정하여 인용합니다).

21 Corpus Reformatorum XXVI, 538-39.

말씀하실 때 우리가 귀를 막지 않아야 합니다.

바로 이렇게 사는 것이 언약 관계를 파기하지 않고 도리어 그것에 신실하게 반응하는 삶이라고 칼뱅은 신명기 26장 16-19절 설교에서 강조합니다.[22] 하나님의 너그러우심은 언약의 시행에서 가장 잘 드러납니다. 은혜 언약은 은혜로운 선택의 결과로서 나타나는 것입니다. 이런 의미에서 언약은 "선택의 표징"(signa [electionis])이 됩니다.[23]

예정이 실현되는 중간 상태로서의 언약

칼뱅은 언약이란 예정이 그리스도 안에서 역사 가운데 실현되는 방식으로 봅니다.[24] 그는 아우구스티누스의 전통을 따라 일반적 선택과 개별적 선택을 구분합니다. 로마서 9장 6-8절 주석에서 칼뱅은, 이스라엘 백성으로의 부르심과 그 안에서 구원으로의 부르심을 구분합니다. 이스라엘 백성으로의 부르심은

22　Corpus Reformatorum XXVI, 292-93.

23　『기독교강요』, III.xxi.5. 라틴어 원전에서 "signa electionis"라는 문구가 나오지는 않지만, signa 뒤에 electionis가 생략된 것을 유추할 수 있습니다.

24　『에베소서』 3장 16절 주석.

"일반적 선택" 혹은 "외적 부르심"이며, 구원으로의 부르심은 "2차적 선택" 혹은 "비밀스러운 선택"입니다.[25] 이렇게 백성으로의 집단적 선택과 구원으로의 개인적 선택 사이의 구분은 칼뱅의 『로마서 주석』(1539), 『창세기 주석』(1554), 『기독교 강요(최종판)』(1559) 등에 나타납니다.[26]

『기독교강요』3.21.7에서 그는 일반적 선택(generalis electio)은 항상 확고하며 항구적인 것은 아니라고 주장합니다. 여기서 칼뱅은 두 종류의 선택, 즉 "넓은 의미의 선택"과 "좁은 의미의 선택"을 구분합니다. 넓은 의미의 선택이란 아브라함의 자손으로 부르심을 받는 것 또는, 이스라엘 백성의 일원이 되는 것과 같습니다. 그러나 성경에서 보듯이 아브라함의 자손이라고 해서 다 구원받은 것도 아니며, 타락한 이스라엘은 오히려 버림을 받았습니다. 따라서 넓은 의미의 선택은, 영생을 얻는 구원을 받는

---

25 아브라함 카이퍼(A. Kuyper)나 케르스턴(G. H. Kersten), 헤르만 훅스마(Herman Hoeksema)는 은혜 언약의 백성이 되는 것과 개별적 선택을 받는 것은 동일하다고 주장합니다. 그러나 칼뱅은 그렇지 않다고 말합니다.

26 이러한 구분에 대한 상세한 논의는 아래 논문을 참조하세요. M. Eugene Osterhaven, "Calvin on the Covenant," *Reformed Review* 33, no. 3 (1980): 136-149.

선택(=좁은 의미의 선택)과는 구분되어야 합니다.[27]

칼뱅은 하나님께서는 나중에 은혜에서 떨어질 자와도 언약을 맺으신다고 주장합니다.[28] 따라서 칼뱅에게 언약이란 그 자체로 구원을 확정 짓는 것이라기보다는 구원을 향한 중간적 역할을 하는 것으로 봐야 합니다. 칼뱅이 『기독교강요』 3.21.7에서 은혜 언약에 대해 "일종의 중도적인 것"(medium quiddam)이라고 말한 것은 그런 뜻에서 쓴 것이며, 그의 신명기 10장 15-17절 설교에서 하나님의 이중적 선택에 대해 말한 것도 역시 그런 의도가 있습니다. 하나님은 먼저 일반적인 선택으로 은혜 언약 안으로 부르시고, 그다음에 개별적 선택을 통해 마음을 변화시키신다는 것입니다.[29] 하나님께서 언약을 맺는 사람들에게, 참고 견디어 언약을 끝까지 지킬 수 있게 하는 중생의 영을 즉시로 주시는 것이 아니라고 칼뱅은 주장합니다. 오로지 내면

---

27 롬 9:6, 창 17:7, 25:23, 겔 16:21, 마 15:24에 대한 칼뱅의 주석도 참조하세요.

28 신명기 10장 15-17절 설교, Corpus Reformatorum XXVII, 47.

29 오늘날 우리의 경우, 언약에 속한 자란 일반적인 부르심을 받은 자로서 교회에서 설교를 듣는 모든 자들이라고 할 수 있습니다. 그들 중에 효력 있는 부르심을 받은 자들은 중생의 은혜를 받아 회심한 자들입니다.

적인 은혜를 받은 자들만이 언약을 끝까지 붙들게 됩니다. 일부 사람들이 하나님의 언약을 깨뜨린다 하여도, 하나님의 언약이 말소되거나, 그의 예정이 멈추는 것이 아닙니다. 하나님은 언제나 남은 자들을 통하여 언약이 유지되도록 하셨기 때문입니다. 남은 자들이 언약을 신실하게 지켜가는 것은 하나님의 큰 은혜를 보여주는 상징이 됩니다.[30]

예정이 지닌 요구성과 제한성을 보여주는 언약

칼뱅의 구원론은 예정론 때문에 오직 하나님의 절대 주권만 강조하고 인간의 책임성은 무시한다는 주장이 있습니다. 그러나 결코 그렇지 않습니다. 칼뱅의 언약 사상은 그의 신학에서 하나님의 주권적 은혜와 인간의 책임 있는 반응이 어떻게 조화되고 있는지를 아주 잘 보여줍니다.

칼뱅은 먼저 은혜 언약은 그 기원에 있어 일방적(monopleuric, unilateral)임을 강조합니다. 오직 하나님만이 언약을 체결하실 수 있으십니다. 죄인인 인간은 먼저 하나님께 다가갈 수도 없고, 어떤 언약을 맺자고 먼저 제안할 수도 없습니다. 하나님이

---

30 『기독교강요』, III.xxi.7.

은혜롭게 언약을 체결하시어 죄인을 구원하시는 것이 바로 은혜 언약입니다.

그런데 이 은혜 언약은 그 유지에 있어서는 쌍방적인(dipleuric, bilateral) 성격을 띱니다. 즉 언약을 통해 하나님은 인간에게 약속을 주시고 그것을 이행하시며, 인간은 하나님으로부터 명령을 부여받고 그것을 순종합니다.[31] 이러한 쌍방적 관계 속에서 언약이 유지되며 성취됩니다. 칼뱅은 신명기 4장 27-31절 설교에서 이 두 가지를 이렇게 정리합니다.

인간이 하나님께 언약을 맺자고 먼저 나선 것이 아닙니다. 오히려 하나님께서 인자하심으로 먼저 우리를 도우셨습니

---

31 칼뱅의 이런 견해는 톰 라이트(N. T. Wright)가 『톰 라이트, 칭의를 말하다』(*Justification*)에서 주장하는 구원론과 흡사합니다. 그러나 칼뱅은, 구원받은 자에게 역사하시는 성령의 역할에 대해, 라이트의 『칭의』에 나오는 것보다 훨씬 더 강하게 주장합니다. 소위 말하는 "새 관점 학파(New Perspective[s])"와 칼뱅의 구원론의 차이는 "성도의 견인"에 대한 이해와 "성도에게 역사하는 성령의 주도권"에 대한 이해에 있을 것입니다. 물론 "새 관점 학파"도 그것을 주장하는 사람들마다 이해가 다르므로, 단순하게 말할 수는 없습니다. 이에 대해서는 https://shorturl.at/ntJSU에 실린 우병훈, "『톰 라이트, 칭의를 말하다』 서평", 「갱신과 부흥」, 제9호(2011), 118-32를 참조하시기 바랍니다.

다. 우리는 하나님께 낯선 자이기 때문에 하나님과 친해질 자격이 전혀 없습니다. 하지만 하나님은 황송하게도 친히 자신을 우리와 연결시키십니다. … 이제 우리에게 요구되는 것은 무엇입니까? 거짓 없는 참된 회개와 하나님 말씀에 순종하는 것입니다. … 우리는 인간이 만든 모든 거짓된 예배를 버리고 하나님만 참되게 순종해야 합니다.[32]

여기서 일반적인 선택으로 은혜 언약 안으로 부르시는 것에서 하나님의 주권이 나타나며, 인간이 그 언약 안에서 믿음으로 반응해야 한다는 점에서는 인간의 책임성이 나타납니다. 그러나 칼뱅은 인간의 반응 역시 하나님의 "두 번째 은혜"라고 하여 펠라기우스적인 혹은 신인협동설적인 견해를 제거합니다.[33] 『기독교강요』 3.22.6에서도 역시, 우리는 구원받기 위해서 하나님의 긍휼을 구해야 하지만, 그것이 우리의 공로가 될 수는 없

---

32 장 칼뱅, 『신명기 강해 2』, 165, 167, 168을 부분적으로 수정하여 인용합니다.

33 『기독교강요』, 3권 21장을 이 주제와 관련하여 아래와 같이 정리할 수 있습니다.

선택	첫 번째 선택	일반적 선택 (일반적인 부르심)	보편적 선택 (보편적 부르심)	집단적 선택 (넓은 의미의 선택)	언약에 속한 자
	두 번째 선택	특별한 선택 (특별한 부르심)	효력 있는 선택 (효력 있는 부르심)	개별적 선택 (좁은 의미의 선택)	구원 받은 자

다고 주장합니다.

언약 관계는 언제나 하나님과 인간 사이의 상호적 의무를 부가하는 것이라고 칼뱅은 강조합니다.[34] 그는 인간 편에서의 책임성은 하나님의 주권에서부터 나오는 것이라고 했습니다. 하나님은 언약 관계 속에서 자유롭게 우리를 사랑하시며, 우리 또한 자유 속에서 하나님을 섬기도록 하셨습니다.[35]

칼뱅은 언약 관계 속에서 하나님께서 당신의 백성들에게 스스로를 묶으시는데, "성령"을 통하여 그들을 다스리신다는 조건 하에서 그렇게 하신다고 말합니다.[36] 그렇기에 그 성령의 다스리심을 잘 받는 사람에게 언약적 축복이 주어집니다. 따라서 언

---

34 참고로, 마이클 호튼은 "모세 언약"은 하나님 편에서의 의무는 없고 인간 편에서의 의무만 제시한다고 합니다. 하지만 모세 언약 역시 하나님 편에서의 의무가 나온다는 점을 주목해야 합니다. 이 점 역시 호튼이 말하고 있기는 하지만 불분명합니다. 마이클 호튼, 『언약 신학』, 백금산 옮김 (서울: 부흥과개혁사, 2009)에서 모세 언약 편을 참조(특히 70, 135, 182-83).

35 신명기 26장 16-19절 설교, Corpus Reformatorum XXVIII, 288-9. 이것은 아우구스티누스의 견해를 따르는 것입니다. 아우구스티누스는 선한 행위에서 믿음이 나오는 것이 아니라, 믿음에서 선한 행위가 나온다고 말했습니다. 아우구스티누스, *De gratia et libero arbitrio*, 17.

36 신명기 26장 16-19절 설교, Corpus Reformatorum XXIX, 86.

약 관계는 조건적입니다. 물론 칼뱅은 언약 백성이 자기 힘으로 언약적 의무들을 행할 수 없다고 말합니다. 성령의 도우심에 힘입어 순종하는 자들이 언약의 의무들을 행할 수 있는 것입니다. 그런 점에서 칼뱅은 언약의 축복이 어떤 면에서는 우리들에게 의존적이라고까지 말합니다.[37]

칼뱅의 신학은, 모든 것을 하나님께서 예정하셨으니 우리는 아무것도 안 해도 된다고 말하지 않습니다. 오히려 그것은 하나님의 은혜에 감격하여 성령의 도우심을 힘입어 인간 자신의 의지를 최대한 발휘하도록 합니다.[38] 칼뱅의 신학은 언약의 기원이 가지는 일방성 속에서 선택하시는 하나님의 주권성을 보고,

---

37 신명기 27장 11-15절 설교, Corpus Reformatorum XXVIII, 308-9.

38 칼뱅은 신앙과 순종의 행위는 우리 노력의 결실이 아니라, 오직 성령께서 우리에게 주시는 힘으로 말미암는 것이라고 주장합니다(『기독교강요』 4.13.6과 신명기 32장 44-47절 설교 참조). 이 점은 불링거도 마찬가지입니다. Bullinger, *The Decades*, ed. T. Harding, 5 vols. (Cambridge: University Press, 1849-52), 3:174에서 불링거는 "하나님은 우리의 믿음에 소망과 사랑을 주시고 증진시키셔서, 그 결과 우리가 영생 안에서 하나님과 연결되고 연합되도록 하신다."라고 주장합니다. 이상에 대해서는 Bierma, "Federal Theology in the 16th Century: Two Traditions?," 312, 315쪽을 참조하세요.

언약의 유지가 가지는 쌍방성 속에서 하나님께 감사하고 순종하는 인간의 책임성을 본다고 할 수 있습니다.

　바빙크의 신학이 어떻게 예정과 언약을 연결시키는지 설명합니다. 바빙크에게 언약은 예정이 실현되는 방식입니다. 하나님께서 영원한 예정이 시간 속에서 언약의 모습으로서 실현되게끔 하신 까닭은, 인간의 자유의지와 자율성을 보장해 주기 위해서입니다. 바빙크는 언약이 언제나 유기체적으로 작용한다고 보았습니다. 언약의 테두리 내에서 살아가는 모든 성도들은 성도들끼리 그리스도의 한 몸을 이룰 뿐 아니라, 이 사회와 인류 역사 속에서 다른 모든 사람들과 유기적인 관계 속에서 살아갑니다. 모든 언약의 백성들은 교회와 가정과 일터와 모든 삶의 자리에서 언약적으로 신실한 삶을 살아감으로써, 언약적 축복이 모든 사람과 세상으로 흘러가도록 할 의무가 있습니다.

4. 바빙크에게 있어서 예정과 언약[39]

예정론을 설명하는 두 가지 방식

이제 바빙크의 견해를 살펴보겠습니다. 바빙크는 예정론을 다루는 두 가지 방식이 있다고 했습니다.[40] 그는 그것을 "아래로 부터의 예정론 혹은 분석적 방법 혹은 후험적 방식"과 "위로부 터의 예정론 혹은 종합적 방법 혹은 선험적 방식"이라고 나누어 부릅니다.[41] 분석적 방법은 결과에서 원인으로, 열매에서 뿌리

---

39 이 주제를 가장 잘 다룬 논문으로 아래를 보세요. Cornelis P. Venema, "Covenant and Election in the Theology of Herman Bavinck," *Mid-America Journal of Theology* 19 (2008): 69-115.

40 바빙크는 "비록 예정론이 로마교와 루터교회에 있어서 반(半) 펠라기우스주의적 혼합으로 인해 오염되었다고 할지라도 모두가 이 교리를 고백한다. 예정은 실질적으로 기독교 전체가 수용하는 교리다(바빙크, 『개혁교의학』 2권, 476)."라고 주장합니다. (이하에서 특별한 언급이 없는 한, 바빙크의 『개혁교의학』 인용은 이 시리즈에서 인용하겠습니다.)

41 바빙크, 『개혁교의학』 2권, 442-43, 447-49. 칼뱅과 그의 후계자 베자(1519-1605)는 예정론을 설명할 때 이와 유사하게 구분했습니다. 베자의 예정론에 대해서는 1555년에 저술된 『기독교 대전』(*Summa totius Christianismi*)을 보면 되는데, 이 책은 보통 『예정의

로 올라가는 방법 즉, 신자의 신앙과 회개로부터 선택으로 거슬러 올라가는 사유 방식입니다.[42] "우리가 어떻게 해서 구원을 받았을까?"를 생각해 보면 그 답이 우리에게 있지 않음을 알게 됩니다. 예수님을 믿기 전에 우리는 다만 하나님을 떠난 죄인에 불과했기 때문입니다. 그래서 우리 구원의 근거를 찾다가 보면 결국 마지막에는 오직 하나님의 예정 외에는 답을 찾지 못합니다. 이처럼, 신자의 신앙에서부터 출발하여 하나님의 뜻에까지 위로 올라가는 방식이 바로 "아래로부터의 예정론 혹은 분석적 방법 혹은 후험적 방식"입니다.

바빙크는 이런 방식을 선호한 학자들로, 불링거(H Bullinger, 1504-1575), 우르시누스(Z. Ursinus, 1534-1583), 올레비아누스(C. Olevianus, 1536-1587), 보쿠이누스(Boquinus), 히페리우스(A. Hyperius, 1511-1564), 소니우스(G. Sohnius, 1551-1589)를 지적했습니다. 이들은 이러한 후험적 방식을 통하여, 예정론이 위로와 확신을 주는 교리가 되도록 했습니다.

이와는 반대로, 종합적 방법은 하나님에 대한 개념에서부터 출발하여 예정과 선택을 도출하는 방식입니다. 이것은 선택에

표』(*Tabula Praedestinationis*)라고 불립니다.

42　바빙크, 『개혁교의학』 2권, 447.

서부터 구원의 유익들을 이끌어내려고 시도합니다. 쉽게 설명하자면, 하나님의 속성에는 전지하심과 전능하심이 있습니다. 전지전능하신 하나님은 당연히 인간의 구원 문제에 대해서 예정해 놓으셨을 것입니다. 이렇게 하나님의 속성에서부터 신자의 예정으로 내려가는 방식이 바로 "위로부터의 예정론 혹은 종합적 방법 혹은 선험적 방식"입니다.

이 후자의 방식이 개혁파 신학에서 점차 확산된 설명 방식입니다. 개혁파 교리 서적들에서 예정론을 하나님의 속성론에서 다루거나, 삼위일체론 다음에 독립적인 논제로 다루는 까닭이 여기에 있다고 바빙크는 지적합니다.[43]

하지만, 바빙크는 말하기를, 개혁파 신학 내에서는 분석적 방법을 취한 사람들과 종합적 방법을 취한 사람들 사이에는 본질적이거나 원리적인 차이가 없다고 주장합니다.[44] 분석적 방법을 선호한 이들 모두는 분명하고도 명백하게 칼뱅의 예정론에 동의했다고 합니다.[45] 하지만 개혁파 신학과 다른 신학에는 차이

---

43 바빙크 역시 예정론을 삼위일체론 다음에 독립적인 논제로 다룹니다.

44 바빙크, 『개혁교의학』 2권, 447.

45 칼뱅과 베자는 이 두 가지 방식(분석적, 종합적)이 모두 다 필요하다고 보았습니다.

가 있습니다. 왜냐하면 주로 개혁파 신학자들이 선험적 순서를 따른 반면, 루터파, 항변파, 로마교 신학자들과 대부분의 현대 교의학자들이 점차 예정을 구원론의 시작이나 중간에 취급하고, 후험적 방법을 선호하기 때문입니다. 그렇다 하더라도, 개혁파 신학자들은 예정을 사변적 방법으로 선험적, 철학적, 결정론적 신개념으로부터 도출하고, 다른 신학자들은 그리스도 안에 있는 하나님의 계시를 고수하는 것이라 평가할 수 없습니다. 왜냐하면 가장 엄격한 칼뱅주의자들 역시 신론과 예정론에서 하나님의 계시와 성경적 교리를 제시하기 때문입니다. 바빙크는 오히려 예정론을 종합적으로 다루는 개혁파 신학의 장점이 있다고 주장합니다. 개혁파에게 있어서 예정은 단지 인간론적, 구원론적 중요성을 지닐뿐만 아니라 특히 신론적 중요성도 지니기 때문입니다. 그리하여, 개혁파 신학은 예정의 가장 중요한 목적이 사람의 구원이 아니라 하나님의 영광임을 천명합니다.[46]

언약은 예정이 실현되는 방식

바빙크는 예정과 언약의 관계를 그의 『개혁교의학』의 "은혜

---

46   바빙크, 『개혁교의학』 2권 448.

언약론"에서 다룹니다.[47] 예정과 언약의 가장 큰 차이는, 선택에서 인간은 전적으로 수동적이지만, 은혜 언약에서는 인간이 능동적으로 나타난다는 점입니다. 선택에서는 아무런 조건이 없습니다. 그러나 은혜 언약에서는 택자들이 목적지를 향해 가는 길이 제시됩니다.[48]

종합적 관점의 예정론의 맥락에서 본다면, 하나님의 선택은 언약의 옷을 입고 나타난다고 볼 수 있습니다. 바빙크는 "언약은 선택의 물줄기가 영원을 향해 진전해 가는 경로"가 된다고 했습니다.[49] 다시 말해서, 언약은 예정이 실현되는 방식이라는 것입니다.

그리스도는 은혜 언약 안에서 자기 백성의 머리와 대표자가 되십니다. 하지만 그들의 자의식을 말살하거나 파괴하지 않고, 오히려 보증하십니다. 그리하여 언약 백성이 스스로 성령의 가르침을 받고 능력을 힘입어 자발적으로 언약에 동의하고 순종하도록 이끄십니다. 그리스도는 은혜 언약의 머리이신 동시에 은혜 언약의 중보자가 되십니다. 따라서 은혜 언약에 속한 자들은 믿음과 회개로써 반응해야 합니다(막 1:15).

---

47 바빙크, 『개혁교의학』 3권 237-84.

48 바빙크, 『개혁교의학』 3권 280.

49 바빙크, 『개혁교의학』, 3권 280.

구원, 그리스도의 선물

바빙크는 본질상 구약과 신약을 통틀어서 유일한 은혜 언약만이 존재한다고 봅니다. 즉, 아담, 노아, 아브라함, 이스라엘과 맺은 언약도 사실은 삼위의 구원 협약 가운데 이미 마련된 은혜 언약이 그리스도 안에서 시행된 한 형태에 불과합니다.[50] 하지만, 바빙크는 엄밀하게 보자면, 넓은 의미의 은혜 언약과 좁은 의미의 은혜 언약은 구분되어야 한다고 말합니다.[51] 그리하여 신약의 성도들이 그리스도 안에서 맺은 언약이 진정한 은혜 언약인 것입니다.

바빙크의 분석에 따르면, 처음에 개혁파 신학자들은 신약 백성들이 그리스도 안에서 맺는 은혜 언약에 있어서도 "(인간 편에서의) 조건들"을 말했지만, 은혜 언약의 속성이 더 깊이 숙고한 이후에 많은 개혁파 신학자들이, 로마교, 루터파, 항변파

---

50 바빙크, 『개혁교의학』, 3권 262, 283도 참조하세요.

51 바빙크, 『개혁교의학』, 3권 263. 따라서 바빙크가 "은혜언약"이라고 할 때에, 구약의 모든 언약들까지 다 포함하는 넓은 의미의 은혜언약인지(3:262-3에서처럼), 아니면 신약의 새 언약만을 가리키는 은혜언약인지(3:280 이하처럼) 잘 구분해서 읽을 필요가 있습니다. 참고로, 바빙크는 신학 역사에서 "예정"이란 말은, 넓은 의미의 예정과 좁은 의미의 예정으로 다양하게 사용되었다고 봅니다(바빙크, 『개혁교의학』, 2권 476-77). 예정의 두 가지 구분은 앞에서 보았듯이, 칼뱅도 마찬가지로 구분한 것입니다.

에 대항하여, 더 이상 조건들을 주장하지 않게 되었습니다.[52] 그럼으로써, 개혁파는 은혜로운 예정이 은혜로운 언약에서 그대로 실현됨을 보여주고자 했습니다.

인간의 자유를 보장하면서 예정을 실현시키는 언약

바빙크는 말하기를, 사실상 은혜 언약 즉 복음에는 요구도 없고 조건도 없다고 합니다. 왜냐하면 하나님은 자신이 요구하는 것을 주시기 때문입니다.[53] 그리스도께서 우리의 구원을 위해 필요한 모든 것을 성취하셨고, 그것을 성령님께서 우리에게 나눠주셨습니다. 따라서 우리 성도들이 하나님과 맺은 "은혜 언약은 무조건적"이라고 해야 옳습니다. 그럼에도 불구하고 은혜 언약의 시행이 이렇게, 요구하는 형식, 조건적 형식을 취하는 까닭은 신자들에게 유익을 주기 위해서라고 바빙크는 주장합니다.

그중에 바빙크가 가장 강조한 것이 인간의 자율적 의지의

---

52 바빙크, 『개혁교의학』, 3권 280.
53 비슷한 뜻으로 아우구스티누스는, "명하는 바를 주옵시고, 원하는 바를 명하소서"(Da quod jubes, et jube quod vis)라고 했습니다(『고백록』 VII.21.27). 그는 하나님께서는 우리에게 주신 것을 우리가 하나님께 되돌려 드리는 것을 볼 적에 가장 기뻐하신다고 말했습니다.

보장입니다. 예정이 이렇게 언약이라는 조건적 모습을 띄고 나타나게 하심으로써, 하나님은 인간의 이성과 도덕적 본성을 인정해 주십니다. 언약에서 하나님은 인간의 자유를 말살하지 않으시고, 인간의 자유와 함께 역사하십니다.[54]

바빙크는 심지어 타락한 인간이라 할지라도 여전히 하나님의 형상을 따라 지음 받은 존재로서 취급합니다. 그는 그것이, 인간을 영원한 구원과 영원한 멸망에 관하여, 책임지고 변명할 수 없는 존재로 세우시는 하나님의 계획으로 봅니다. 타락한 인간도 의식과 자유를 지닌 존재로서 이 언약을 파기시킨 자로 보는 것입니다. 바빙크는 다음과 같이 주장합니다.

그러므로 은혜 언약은 편무적 계약으로, 하나님으로부터

---

54 이것을 개혁신학에서는 "동주론"(同走論, concurrence)이라고 불렀습니다. 하나님의 뜻과 인간의 의지가 함께(con-) 달리면서(-currence) 역사가 진행된다는 것입니다. 『웨스트민스터 신앙고백』제 5장 "섭리에 관하여"의 2항에서는, 하나님의 뜻과 인간의 자유의지가 함께 작용할 수 있다는 것을, 작정 내에 정도차(degree in decree)가 있다고 하여 가르칩니다. "2. 물론 제1원인이신 하나님의 예지와 작정과 관계하여 만물은 변함없이 틀림없이 발생한다. 그러나 동일한 섭리에 의하여, 제2원인의 본성에 따라, 필연적으로나, 자유롭게, 또는 우연하게 일어나도록 명령하신다."

나온다. 하나님이 이 언약을 구상하고 확정했다. 하나님이 이 언약을 유지하고 실현한다. 이것은 삼위 하나님의 사역이며 삼위 자신 내에서 전적으로 완성된다. 하지만 이 언약은 쌍무적 언약이 되며, 인간이 하나님의 능력 가운데 의식적으로 그리고 자유롭게 수용하고 지키도록 예정되었다. 하나님의 뜻은 언약 가운데 매우 선명하고 아름답게 드러나 은혜의 사역이 인간의 의식 가운데 선명하게 반사되고 인간의 의지가 힘 있게 활동하도록 일깨우는 것이다. 은혜 언약은 인간을 죽이지 않고 목석으로 취급하지 않는다. 그와 반대로 이 언약은 인간 전체, 인간의 모든 능력과 힘, 영혼과 육체, 시간과 영원을 포함하며 인간 전체를 품고, 인간의 능력을 파괴하지 않되, 인간의 무능을 제거하며, 인간의 의지를 죽이지 않고, 죄로부터 해방시키고, 인간의 의식을 마비시키지 않고, 흑암으로부터 구원하며, 전인을 재창조하고, 은혜로 말미암아 인간이 갱신되어 자유롭고 독립적으로 온 마음과 뜻과 힘을 다해 하나님을 사랑하고 헌신하도록 한다.[55]

이처럼 바빙크는, 선택이 언약이라는 방편을 띄고서 나타남으로 인하여, 인간의 전인적 모습이 구원의 과정에서 가장 잘 드러나도록 했다고 주장합니다. 그는 은혜 언약은 하나님의 영광

---

55 바빙크,『개혁교의학』, 3권 281.

이 인간성의 말살과 희생을 통해서가 아니라, 오히려 전체 인간의 재창조 가운데, 인간의 밝아진 의식과 회복된 자유 가운데 그 승리를 기리도록 하는 것을 목적으로 삼는다고 주장합니다.[56]

인간의 유기체성을 강조하면서 예정을 드러내는 언약

바빙크의 유기체론은 예정과 언약을 다루는 이 주제에서도 중요한 역할을 합니다.[57] 그는 주장하기를, 선택은 무엇보다도

---

56 바빙크, 『개혁교의학』, 3권 281.

57 바빙크의 유기체론에 대해서는 아래 문헌을 참조하세요. James Eglinton, "Bavinck's Organic Motif: Questions Seeking Answers," *Calvin Theological Journal* 45, no. 1 (2010): 51-71. 바빙크는 무엇보다 성경을 유기체적(有機體的, organic)적으로 이해했습니다. "성경은 전혀 추상적인 것이 아니라, 유기적이고 살아 있는 통일체." 바빙크, 『개혁교의학』, 1권 131(#22). 바빙크는 계시, 하나님에 대한 지식, 교회, 인류, 사회 등등에 대해서 자신의 "유기체론"을 적용했습니다. 바빙크의 전기 작가인 글리슨(R. Gleason)은 바빙크가 유기체론을 19세기 철학에서 빌려왔긴 했지만, 그것을 기독교적으로 변화시켜서 사용했다고 주장합니다. 바빙크에게 유기체가 뜻하는 바는, 통일성과 조화성, 그리고 연결성입니다. Ronald N. Gleason, *Herman Bavinck: Pastor, Churchman, Statesman, and Theologian* (Phillipsburg, N.J.: P & R Pub., 2010), 162-63, 476-80.

개인에 관심을 두고서, 한 개인이 중생되어 하늘로 옮겨지는 것을 가능하게 한 사건이라고 합니다. 하지만 은혜 언약이 실제로 선택을 실현시키는 과정을 보면, "선택이 이와 전혀 다른 방식으로 실현된다"는 것을 알 수 있다고 바빙크는 말합니다.[58] 선택에서는 택자들이 그들의 머리인 그리스도와 "하나의 유기체"를 형성한 것이 뚜렷이 드러나지 않는 반면에, 언약에서는 그것이 가장 선명하게 전면에 나타나기 때문입니다.

은혜 언약에서는 그리스도가 아담을 대신하여 인류의 두 번째 머리로 등장합니다. 여기서 그리스도는 교회와 더불어서, 아담 아래 있는 인류와 연관되어 존재합니다. 바빙크는 은혜 언약으로 인하여 "단지 몇몇 소수의 사람만 구원받는 것이 아니라, 그리스도 아래 있는 택자들 안에서 유기적 인류와 세상 자체가 구원을 받는데, 단지 선택된 사람들만 아니라, 말하자면 그리스도 안에서 형성되고, 아담 안에 있는 본래의 창조로부터 유래한 구조적 유기체 역시 구원을 받는다."라고 주장합니다.[59] 여기에

---

58 바빙크, 『개혁교의학』, 3권 282.

59 바빙크, 『개혁교의학』, 3권 282. 이것은 비록 택자가 아니라 하더라도 구원의 혜택에 간접적으로 어느 정도 동참하며, 구원 받은 신자로 인해 덕을 본다는 뜻이지, 모든 사람이 구원 받게 된다는 만인구원설(universalism)을 주장하는 것은 아닙니다.

는 단지 선택된 사람들만 아니라, 아담 안에 있는 본래의 창조로부터 유래한 구조적 유기체 역시 구원을 받습니다. 이런 이유로, 바빙크는 주장하기를, 은혜 언약은 개인에게서 개인으로 옮겨 가는 것이 아니라, 유기적으로 그리고 역사적으로 진전한다고 합니다. 은혜 언약은 결코 한 사람과만 체결되는 것이 아니라, 언제나 신자와 그 자녀들과 더불어 체결됩니다.[60] 바빙크는

---

60 은혜 언약이 누구와 체결되는 것인지에 대해, 개혁파 신학 내부에서 논쟁이 있습니다. (1) 그리스도, (2) 택자(Kuyper, Kersten, Hoeksema 등), (3) 신자와 그 자녀들(Bullinger, Calvin, K. Schilder, J. G. Woelderink, J. J. van der Schuit 등), (4) 그리스도 안에서 모든 인류(Barth, Kuitert, H. Berkhof 등)라는 네 가지 선택지가 있는데, 바빙크는 세 번째 입장을 취합니다. 더욱 자세한 논의는 J. Van Genderen and W. H. Velema, *Concise Reformed Dogmatics*, trans. Gerrit Bilkes and Ed M. van der Maas (Phillipsburg, NJ: P&R, 2008)의 제11장, "The Covenant of Grace"를 참조하시기 바랍니다. 최근에 개혁주의 조직신학서를 쓴 마이클 호튼도 역시, 은혜 언약은 신자와 그 자녀들과 체결되는 것처럼 서술합니다. "은혜 언약은 그 기원이 영원한 구속언약에 있고 구속언약은 그 은혜로운 기초로 은혜언약을 무조건적인 언약으로 만들지만, 은혜 언약은 역사 속에서 시행되며 택함 받은 자와 택함 받지 못한 자가 이 언약에 가시적으로 관계되어 있다. 비록 교회에는 알곡 사이에 가라지도 있지만 교회들은 집단적으로 '성도'로 불린다. 그 결과 은혜 언약은 보이지 않는 교회가 심지어 현재의 이 악한 시대에도 부분적으로 눈에 보이게 되는 현장이다. 우리는 이 시대에 택함 받은 자를 확인할 수는

다음과 같이 주장합니다.

> 이것(=은혜 언약)은 결코 추상적으로 단지 믿는 사람만 포함하는 것이 아니라, 구체적으로 역사적으로 존재하고 살았던 사람을 포함하기에, 그 사람만 아니라, 그에게 속한 모든 것 역시 포함된다. 이것은 단지 그 사람의 존재만 아니라, 아버지 혹은 어머니로서, 부모 혹은 자녀로서, 그에게 속한 모든 것, 그의 가정, 재물과 소유, 영향과 권세, 그의 직분과 직업, 지성과 마음, 학문과 예술, 사회와 국가에서의 삶을 포함한다. 은혜 언약은 창조 질서와 연관되고, 창조 질서로 거슬러 올라가며, 창조 전체를 자기 안에 질적으로 그리고 집중적으로 포함시키는, 그리스도를 머리로 하는 새로운 인류의 기관이다.[61]

은혜 언약의 범주를 유기체적으로 확장시킨 것, 이 지점이 바빙크의 언약론의 가장 두드러진 특징입니다. 그렇게 함으로써, 바빙크는 성도의 삶의 전 영역에서 언약적 책임성을 강조하

없기 때문에 교회는 양과 염소를 분리할 권한이 없다. 택함 받은 자들로 이루어진 보이지 않는 교회가 아닌 신앙을 고백하는 신자들과 그들의 자녀들로 이루어진 눈에 보이는 교회가 지금 우리가 접할 수 있는 교회다." 마이클 호튼, 『언약적 관점에서 본 개혁주의 조직신학』, 이용중 옮김 (서울: 부흥과개혁사, 2012), 855.

61 바빙크, 『개혁교의학』, 3권 282.

고, 또한 선택이라는 것이 사변적이고 추상적인 사건이 아니라 성도의 삶의 구체적 자리에서 실현되는 하나님의 역사임을 강조하고 있습니다.[62] 바빙크의 독특성은 그의 유기체적 언약론을 예수 그리스도와 연결하여 강조한다는 점입니다.

5. 바빙크의 독특성

바빙크의 이러한 유기체 사상은 그의 기독론과 연결되어 더욱 강조됩니다. 초기 개혁 신학의 예정론과 언약론을 보여주는 칼뱅의 신학과 비교해 볼 때에, 바빙크의 예정론과 언약론이 보여주는 특징이 바로 그리스도를 중심으로 하여 풀어낸 유기체 사상이라 할 수 있습니다.

바빙크는 언약론을 두 부분에 나눠서 다룹니다. 첫째는 언약이 인류를 구원하시기 위한 하나님의 시간 속의 행동이라는 측면에서이고, 둘째는 예수 그리스도를 통해 성취되는 은혜 언약이라는 측면에서입니다. 전자에서 바빙크는 언약이 다만 인류

---

62 물론 바빙크의 유기체적 사상에 대해서는 성경적 근거가 있는지, 이런 생각의 장단점이 무엇인지 물어야 할 것입니다.

의 타락을 뒷수습하기 위해서 임시적으로 고안된 방편이 아니라, 하나님께서 인간을 대하시는 본질적인 방식이 언약임을 행위 언약을 들어 설명합니다.[63] 후자에서 바빙크는 언약을 그리스도의 인격과 사역을 다루기 위한 도입부로 다루고 있습니다.[64]

이 두 부분에서 바빙크는, 아담과 그리스도를 대비시키면서, 아담 안에서 전체 인류와 유기적으로 맺으신 언약을, 예수 그리스도 안에서 새로운 유기체인 성도들의 선택과 대비시켜서 설명하고 있습니다.[65] 그리하여 예수 그리스도는 언약 관계에 있어서도 아담의 실패와 타락을 전적으로 상쇄하고도 남을 큰 은혜를 유기체적 공동체인 교회에게 선사하는 분으로 소개하고 있습니다.

바빙크는 하나님의 형상의 그 풍성함을 아담 혼자서 다 나타낼 수 없다고 봅니다. 그는 "인간 혼자도 아니고, 남자와 여자

---

63 바빙크, 『개혁교의학』, 2권 ##297-98. 여기에서 바빙크는 인간의 타락 이후에 하나님과 인간의 관계를 "언약 관계"라고 설명할 뿐 아니라, 타락 이전의 아담과 하나님 사이의 관계 역시 "언약 관계"임을 강조합니다.

64 바빙크, 『개혁교의학』, 3권 ##343-50. 이러한 분석에 대해서는 Venema, "Covenant and Election in the Theology of Herman Bavinck," 78-79를 참조하세요.

65 바빙크, 『개혁교의학』, 2권 #297; Venema, "Covenant and Election in the Theology of Herman Bavinck," 83.

가 함께하는 것도 아닌, 단지 전체 인류만이 완전히 전개"될 수 있는 하나님의 형상에 대해 말합니다.[66] "하나님의 형상의 깊이와 풍성함은 단지 수십억의 인류 안에서만 어느 정도 전개될 수 있다."라고 그는 주장합니다.[67] 그런데, 바빙크에 따르면, 그 "하나님의 형상"의 온전한 모습을 은혜 언약 안에서 예수 그리스도께서 완성하십니다.

이 점이 루터파 신학과 개혁파 신학의 차이점이라고 바빙크는 설명합니다. 루터파 신학에서 하나님 형상으로 창조된 아담은 최고 이상적 인간의 실현이며, 그 이상의 높은 상태란 불가능합니다. 그러나 개혁파 신학은 타락 이전의 인간이 비록 하나님의 형상으로 창조되었을지라도 아직 최상의 것을 소유하지는 못했다고 믿습니다.[68] 개혁파 신학에 따르면, 아담이 지녀야 할 최상의 상태는 "실질적인 자유"로서, "더 이상 오류를 범할 수도, 범죄할 수도, 죽을 수도 없는 것"이며, "모든 두려움과 공포, 모든 타락의 가능성을 절대적으로 초월한 것"입니다.[69] 신

---

66   바빙크, 『개혁교의학』, 2권 720.
67   바빙크, 『개혁교의학』, 2권 720.
68   바빙크, 『개혁교의학』, 2권 714-15.
69   바빙크, 『개혁교의학』, 2권 715.

자들은 이 최상의 것을 그리스도로 말미암은 은혜로부터 직접 받습니다. 그리스도를 통해서, 하나님의 형상이 그 최고조의 발전에 이르고, 죄와 죽음의 가능성을 완전히 정복하여 폐기하여, 하나님의 형상이 불멸의 영광 가운데 빛나게 된 것입니다.[70]

이처럼 바빙크는 하나님의 형상을 역사적으로, 유기체적으로 이해합니다. 바빙크의 말을 주목해 보십시오.

"하나님이 창조 시에 자신을 단번에 계시한 것이 아니라, 그 계시를 매일 그리고 세기를 거쳐 진전시키고 증대시킨 것처럼, 마찬가지로 하나님의 형상 역시 불변하는 실체가 아니라 시공간의 형태로 확대되고 전개된다. 하나님의 형상은 선물(Gabe)인 동시에 사명(Aufgabe)이다. 그 형상은 이미 창조 시에 첫 번째 인간에게 즉각적으로 부여된 과분한 은혜의 선물인 반면, 동시에 풍성하고 영광스러운 발전 전체의 원리와 근원이다. 완전한 단일 유기체로서 단 하나의 머리 아래 요약되고 온 땅에 퍼지며, 선지자로서 하나님의 진리를 선포하고, 제사장으로서 하나님께 헌신하고, 왕으로서 땅과 온 피조계를 통치하는 온 인류만이 완전히 완성된 하나님의 형상, 가장 뚜렷하고 가장 현저한 하나님의 모양이다."[71]

---

70 바빙크, 『개혁교의학』, 2권 716.
71 바빙크, 『개혁교의학』, 2권 721.

유기체적 인류가 행위 언약 하에서 육체적/윤리적 머리인 아담 안에서 타락하여, 하나님의 형상의 온전한 모습을 실현시킬 가능성을 상실했듯이, 이제 은혜 언약 안에서 유기체적 교회의 머리이신 그리스도께서 하나님의 형상의 온전한 모습을 실현시키십니다.[72] 이처럼, 바빙크의 은혜 언약론에서는 그리스도가 언약의 머리로서 이전의 아담이 행위 언약에서 했던 역할을 유기체적으로 완성하는 이로 특별히 강조됩니다. 이처럼, 바빙크의 유기체 사상은 언약론에서 내적으로 긴밀하게 작용하고 있습니다.

예정이 언약의 옷을 입고 나타난다고 보는 칼뱅과 바빙크의 개혁신학은, 하나님의 작정이 우리의 전체 삶을 은혜 속에서 주어진 선물이자 사명으로 보도록 격려하고 있습니다.

6. 언약론에서 빛을 발하는 개혁주의 예정론

칼뱅과 바빙크는 모두 모든 언약이 은혜 언약임을 강조합니다. 구약의 언약들에 대한 명칭이 아직 결정되지 않은 시점에서

---

72 바빙크, 『개혁교의학』, 2권 720-22.

작업했던 칼뱅은 아직 언약의 종류들을 나누는데 별로 관심이 없었습니다. 그에게 행위 언약에 대한 사상이 발견되긴 하지만, "행위 언약"이란 말은 쓰지 않습니다.[73] 모든 언약들이 시작되고 유지되는 데 있어서 하나님의 은혜가 결정적이므로 칼뱅은 모든 언약을 은혜 언약이라고 불렀던 것입니다. 이와 달리, 바빙크는 구약의 언약들을 세분합니다. 그는 행위 언약과 은혜 언약을 구분합니다.[74] 하지만 바빙크 역시 모든 언약은 넓은 의미에서 은혜 언약이라고 합니다. 그리고 좁은 의미에서의 은혜 언약은 그리스도 안에서 신약의 성도들이 맺은 언약이라고 합니다. 이렇게 칼뱅과 바빙크가 모든 언약을 은혜 언약이라고 부른 것은 언약의 체결과 유지에 있어서, 하나님의 주권을 강조하기 위해서입니다.

칼뱅은 언약을 예정이 실현되는 중간 상태라고 보고서, 이 언약 내에 신실하게 머무는 자만이 하나님의 예정에 대한 확신을 가질 수 있다고 보았습니다. 그럼으로써, 예정은 인간의 반응을 요구한다는 사실을 거듭 강조했습니다. **칼뱅의 예정론이 결**

---

73 Hoekema, "The Covenant of Grace in Calvin's Teaching", 133. 카이퍼도 동일하게 주장합니다.

74 바빙크, 『개혁교의학』, 2권 709에서 바빙크는, 행위언약 교리가 이미 교부들에게서부터 나타난다고 주장합니다. 행위언약에 대해서는, 2권 39장 #295, 3권 44장 #339를 보세요.

구원, 그리스도의 선물

정론적이지도 않고, 자동주의적이지도 않으며, 무율법주의를 배태하는 것은 더더욱 아니라는 사실을 잘 보여주는 대목입니다.

반면에, 바빙크에게는 언약이란 예정이 실현되는 방식입니다. 하지만 언약의 대상은 예정의 대상보다 넓습니다. 예정된 자는 모두 언약 가운데서 신앙생활을 하지만, 언약의 테두리 안으로 들어와 있다고 해서 모두 다 예정된 자라고 볼 수는 없습니다. 바빙크도 역시 칼뱅처럼 인간의 반응이 언약 생활에서 중요하다고 보았습니다. 예정이 언약의 옷을 입고 나타나는 까닭은, 인간의 자유의지와 자율성을 보장해 주기 위해서입니다. 또한 언약은 유기체적으로 작용합니다. 언약의 테두리 내에서 살아가는 모든 성도들은 서로서로 또한 이 인류 역사와 유기적 관계성 속에 있으며, 그 이유 때문에 교회와 세속 사회 속에서 언약적으로 신실한 삶을 함께 독려하며 살아갈 필요가 있습니다. 예정이 언약의 물줄기를 따라 진행될 때, 하나님의 작정이 가지는 총체성을 가장 잘 보여준다는 사실을, 바빙크는 그의 유기체적 언약론에서 진술했습니다.

바빙크의 언약론이 가지는 유기체적 특성은 그의 기독론으로 더욱 견고해집니다. 그는 아담이 유기체적 인류의 머리로서 실현시키는데 실패했던 하나님의 형상의 온전한 모습을, 그리스도께서 이제 은혜 언약의 머리로서 완성시키심을 강조했습니다.

개혁파 예정론은 차가운 결정론으로 여겨지곤 했습니다.[75] 그러나 이 글에서 보듯이, 개혁파 언약론과 더불어 그것을 관찰하면 상황이 전혀 그렇지 않음을 깨닫게 됩니다. 칼뱅과 바빙크는 언약론에서 중생한 인간의 자유를 매우 강조했습니다.[76] 인간은 자율성을 가지고 하나님의 부르심에 반응하며 살아야 하는 존재입니다. 그러나 이것은 구원에 있어 신인협동적 입장을 취하는 것이 아닙니다. 왜냐하면 칼뱅과 바빙크 공히, 모든 언

---

75 이런 오해가 크게 잘못된 것이며, 또한 그에 대한 대안적 이해를 제시하는 책으로 다음을 보세요. W. J. van Asselt, J. Martin Bac, and Roelf T. te Velde, eds., *Reformed Thought on Freedom: The Concept of Free Choice in Early Modern Reformed Theology* (Grand Rapids, MI: Baker Academic, 2010). 한 가지 주의할 것은, 이 책은 안톤 보스(Antoon Vos)의 영향으로 인해 개혁파 자유의지론을 너무 스코투스주의적으로 몰아가려는 약점이 있다는 것입니다. 하지만 개혁파 자유의지론이 다만 스코투스의 영향 하에서만 생겨났다고 생각할 수는 없습니다. 다양한 신학적, 철학적 배경이 함께 작동하고 있습니다.

76 물론 인간이 스스로의 힘으로 구원을 얻을 수 없다는 점에 있어서 인간의 자유의지는 없거나 속박되어 있다고 말할 수 있습니다. 그러나 중생 이전의 인간이라 할지라도 시민적 삶을 살아가는 데 있어서 자유가 없는 것은 아니라고 모든 개혁신학자들이 이구동성으로 주장했습니다. 개혁파 신학자들이 말하는 자유의지에도 여러 종류가 있습니다.

약이 언제나 은혜 언약임을 강조했기 때문입니다. 언약 안으로 들어온 자들은 하나님께서 주시는 은혜와 더불어 자율적으로 말씀에 순종하며 살아갑니다. 언약 생활에서는 하나님의 은혜와 변화된 본성에 따른 인간의 자유의지가 함께 진행해 갑니다. 하나님의 작정에 있어서도 마찬가지입니다. 작정은 모든 것이 운명적으로 다 결정나 버린 상태가 아닙니다. 작정하신 하나님은 지금도 살아서 필연, 자유, 우연 등의 여러 차원을 두고 일하시는 분이십니다. 이것을 개혁파 언약론이 잘 보여줍니다. 개혁파 예정론과 언약론은 서로가 서로를 보완하면서 구원론에 있어서 하나님의 주권과 인간의 자유를 가장 잘 보장하는 이해의 틀을 제공하고 있습니다.[77]

7. 적용

위와 같은 내용은 아래와 같이 구체적으로 적용해 볼 수 있습니다.

---

[77] 이 글은 좀 더 수정하여 아래와 같이 게재했습니다. 우병훈, "칼빈과 바빙크에게 있어서 예정론과 언약론의 관계," 「개혁논총」 26 (2013): 297-331.

첫째, 구원이란 아무것도 하지 않고 있어도 저절로 천국 가는 것이 아닙니다. 따라서 성도들은 언약적 삶 속에서 스스로 분발하고, 서로 격려할 필요가 있습니다. 우리의 의지를 어떻게 발휘하느냐에 따라 신앙생활은 천양지차가 날 것입니다. 성도들은 주님의 은혜를 믿으며 매일의 삶 속에서 성화(聖化)를 위한 분투를 해야 합니다. 이를 위해 교회에서 상호 권면해야 합니다.[78]

둘째, 성도들은 언약의 자녀들을 책임감 있게 돌보고 키워야 합니다.[79] 일부 재침례파와 일부 침례교도들은 자녀가 스스

---

[78] 개혁주의 예정론이 "피도 눈물도 없는 건조한 신학"이라고 비판 받아왔습니다. 그러나, 존 녹스의 예정론을 통해서 개혁신학 안에 숨어 있는 풍성한 실천적인 함의, 교회론적인 함의를 발견하고 있는 아래의 논문을 참조하세요. Jae-Eun Park, "John Knox's Doctrine of Predestination and Its Practical Application for His Ecclesiology," *Puritan Reformed Journal* 5, no.2 (2013): 65-90. 이 논문은 아래 인터넷 사이트에서 볼 수 있습니다. https://shorturl.at/mwLOY

[79] 침례교와 개혁교회/장로교회에서 자녀들에 대한 신앙과 구원 문제, 그리고 유아세례에 대한 차이는 아래 문헌들을 참조하세요. 칼뱅, 『기독교강요』 4.16.17-30; 바빙크, 『개혁교의학』(영어판) 4권, 154; Lyle D. Bierma, "Infant Baptism in Our Reformed Confession," *Calvin Theological Seminary Forum* (Fall 2008), 12-3도 참조. 언약의 자손은 어린 시절에 죽는다 할지라도 구원 받는다고 믿습니다. 고재수, 『세례와 성찬』(서울: 성약, 2005), 제2장 "부모들은 스스

로의 의지로 그리스도를 주로 고백할 때까지는 불신자라고 생각합니다. 반면에 개혁교회/장로교회 성도들은 자녀가 스스로의 의지로 주님을 부인하기 전까지는 신자라고 생각하며 돌봅니다. 하나님의 예정이 지금 나의 언약적 반응 가운데 이뤄지는 것을 안다면, 자녀들의 신앙교육을 교회 교육이나 다른 사람에게만 맡길 수 없습니다. 특별히 요즘같이 스마트폰, 인터넷, SNS, 유튜브, 대중문화가 자녀들의 삶을 하루 종일 침투하여 영향을 미치는 시대에, 신앙교육을 가정에서부터 하지 않는다면 희망이 없습니다. 자녀들에게 아침에 눈을 떴을 때 하나님의 말씀부터 읽게 하고 또한 부모가 모범이 되어 매일 가정예배를 드리는 것이 매우 중요합니다. 바로 그것이 언약적 삶에 충실한 가정생활이요, 자녀 양육입니다.

셋째, 언약은 한 성도에게 속한 모든 삶 가운데 실현됩니다. 김홍전 목사는 성도가 그리스도의 지체로서 교회 안에서 신앙생활할 때 가장 정당하다고 하여, "교회아(教會我)"라는 개념을 주창했습니다.[80] 그러나 그보다 더 넓고도 구체적인 개념이 "언

확신할 수 있는가도르트 신경 제1장 17조의 배경과 의미";
바빙크, 『개혁교의학』, 2권 500 참조.

80 김홍전, 『데살로니가전서 강해』 (서울: 성약, 2002), 100-
105 참조.

약아(言約我)"라 할 것입니다. 교회아 개념은 자칫, 교회만 중요시하고 그 외의 삶은 등한히 하는 "교회주의"를 양산해 낼 수 있습니다. 하지만 언약아 개념은 성도가 교회, 가정, 일터에서 언약 백성으로 살아가도록 독려합니다. 모든 성도는 삶의 전 영역에서 언약 백성답게 하나님의 말씀에 신실하게 순종하며 살아가야 합니다. 그러므로 "교회아" 개념도 필요하지만, 그것을 "언약아"라는 개념으로 적절하게 보충할 필요가 있습니다.

〈나눔을 위한 질문〉

1. 언약이 체결될 때는 일방적이지만, 유지에 있어서는 쌍방적 측면이 있다는 것을 어떻게 설명할 수 있을까요? 이것을 말씀과 찬송과 기도생활과 연결해서 생각해보고 함께 나누어 보세요.

2. 언약의 시행은 쌍방적 측면이 있지만, 언약이 실제로 유지될 때 하나님의 자비가 아주 강하게 드러납니다. 그러한 예들을 아브라함이나 야곱의 삶에서 찾아보세요.

3. 하나님의 형상에 대해 이 책에서 설명한 내용을 몇 가지로 요약해 봅시다.

4. 나에게 있는 언약 공동체는 무엇인가요? 가정과 교회에서 어떻게 하면 언약적 신앙생활을 실천할 수 있을까요?

제 4 장

구원에서 탈락 가능한가

구원에서 탈락 가능한가

구원에 대해서 성경이 가르치는 내용 가운데 서로 충돌을 일으키는 듯한 부분이 있습니다. 여기에서는 그중에 한 가지 주제인 구원에서 탈락이 가능한가 아닌가 하는 문제를 다루고 있습니다. 성경에는 한 번 받은 구원은 영원하다고 가르치는 구절과 구원에서 탈락 가능한 것처럼 말하는 구절이 동시에 나옵니다. 하지만 이 글에서는 앞의 구절들을 중심으로 해서 뒤의 구절들을 경고성 구절로 이해하면 좋다고 제시합니다.

개혁주의에서 말하는 예정에 대한 가르침과 언약에 대한 가르침이 어떤 점에서 서로 모순되어 보이는지 살펴봅니다.

1. 아르뱅주의?

칼뱅주의는 "하나님께서 선택하신 사람은 반드시 구원받기 때문에 한 번 구원은 영원한 구원이다."라고 가르칩니다. 반대로 알미니우스주의는 "한번 구원에 참여한 자라도 성령의 인도를 받는 거룩한 삶이 없고 타락한 자는 최종적인 구원에서 탈락할 수 있다."라고 주장합니다. 그렇다면, "아르뱅주의(Ar[minian+Cal]vinism)"는 알미니우스주의와 칼뱅주의를 결합하여, 성경이 그 두 가지 견해를 모두 가르친다면서 우리는 두 견해 모두를 붙잡아야 한다고 주장하는 사상이라고 볼 수 있습니다.

그러나 과연 그것이 가능할까요? 어떻게 그 두 가지 모두가 사실일 수 있을까요? 모순되는 두 가지를 함께 붙잡으면 된다는 말이 과연 납득할 수 있는 것일까요?

2. 계시를 모순으로 만드는 무책임한 신학

인간의 정신은 그렇게 모순에 만족하고 넘어가도록 창조되지 않았습니다. 그것은 마치 "당신이 질병으로 죽는 것도 하나님의 뜻이며, 그 질병이 치료되어 사는 것도 하나님의 뜻입니다. 그러니 둘 모두를 다 믿고 붙잡아야 합니다."라는 식의 궤변과도 다를 바 없는 것입니다. 신학은 그렇게 무책임해서는 안 됩니다. 아르뱅주의자들은 성령의 영감받은 책에 모순이 있는 것처럼 말하고 있습니다. 그것이 과연 성경에 대한 올바른 고백인가요?

성경은 모순적인 책이 아닙니다. 하나님의 계시가 모순이라면 어떻게 하나님을 믿을 수가 있겠습니까? 성경이 만일 이 중차대한 구원 문제에 있어서 모순적인 책이라면, 과연 다른 문제에 있어서 또한 모순과 오류가 없다고 어떻게 믿을 수 있을까요? 아르뱅주의자들의 주장은 성경 계시에 대한 신뢰성을 무참히 떨어뜨리는 무책임한 태도라 하지 않을 수 없습니다.

우리는 성경에서 얼핏 보기에 모순 같은 상황을 만나면 해결할 수 있는 길을 찾아야 합니다. 진리의 하나님은 원만한 이해의 모든 풍요를 우리에게 주시는 분이시기 때문입니다.

3. 참된 신자는 영원히 구원받는다는 말씀들

우선 우리는 믿는 자는 하나님께서 영원히 지키신다는 말씀에서부터 시작해야 합니다. 그런 말씀들은 너무나 많고 또한 너무나 분명하기 때문입니다.

첫째, 그리스도께서 우리를 위한 대속물이 되셨습니다. 그리스도는 우리를 건지시려고, 우리 죄를 대속하기 위하여 자기 몸을 주셨습니다(갈 1:4, 벧전 1:18, 마 20:28, 딤전 2:6). 그런 분이 우리가 그리스도를 믿고 난 다음에는 그리스도가 우리 구원의 방관자요, 구경꾼으로 남아계시겠습니까? 그렇지 않습니다. 예수님은 새 언약의 보증이 되십니다(히 7:22). 우리를 구원에서 끝까지 지키십니다.

둘째, 그리스도는 신자들이 결코 멸망당하지 않도록 하나님께서 택하신 자들을 반드시 지키십니다. 예수님은 "내게 오는 자는 내가 결코 내쫓지 아니하리라"라고 말씀하십니다(요 6:37-40). 또한, "내가 그들에게 영생을 주노니 영원히 멸망하지 아니할 것이요 또 그들을 내 손에서 빼앗을 자가 없느니라"라고 말씀하십니다(요 10:28-30). 너무나 유명한 로마서 말씀에서, 그 어떤 피조물이라도 우리를 우리 주 그리스도 예수 안에 있는 하나님의 사랑에서 끊을 수 없다고 가르칩니다(롬 8:28-39). 우리 안에서 구원의 일을 시작하신 하나님은 그리스도 예수의 날까지 이루십니다(빌 1:6, 살전 5:24).

셋째, 하나님께서 우리를 값으로 사셨습니다. 성경은 하나님께서 그리스도의 보혈로 우리를 사셨다고 합니다(행 20:28, 고전 6:19-20, 고전 7:23, 벧후 2:1, 계 5:9). 하나님께서 우리를 사신 것은 단지 구원을 위한 가능성만을 제공할 뿐인가요? 전혀 그렇지 않지요. 최종 심판대까지 통과하게 하는 완벽한 구원입니다.

넷째, 하나님은 우리를 양자 양녀 삼으셨습니다. 성경은 우리가 예수님을 믿을 때에 하나님의 양자 양녀가 된다고 가르칩니다(롬 8:15, 갈 4:6, 엡 1:5). 세상 사람들도 양자로 삼은 이를 중간에 버린다는 것에 대해 옳지 않게 여깁니다. 하물며 하나님께서 양자 양녀로 삼은 우리를 최후 심판대에서 버리실까요? 아닙니다! 예수 그리스도를 통해 하나님의 자녀가 된 자들을 하나님은 결코 버리지 않으십니다.[1]

다섯째, 신자는 그리스도와 연합했습니다. 로마서 6장 1-14절에서는 그리스도와 연합한 자는 의롭다 하심을 얻었고(6-7절), 최후 심판 때까지 확실하게 보호받을 것을 가르칩니다(8-9절). 그리스도와 연합한 신자가 과연 그 연합 관계가 깨어질 수가 있을까요? 이미 그리스도와 연합한 자가 다시 그것에서부터 분리된다는 것에 대해서 성경은 가르치는 바가 전혀 없습니다. 만일 그것이 가능하다고 한다면, 왜 성경은 연합 교리를 가지고 죄를 극복할 수 있다는 것을 그렇게 힘주어 말하겠습니까? 인간의 죄가 그리스도와 연합을 파괴할 수 있다면 그것이 과연 "연합"이라는 말로 표현될 수 있을까요?

여섯째, 신자가 가진 "영생"은 "영원한 생명"입니다. 하나님이 세상을 사랑하사 독생자를 주신 것은 그를 믿는 자마다 멸망하지 않고 "영생"을 얻게 하려는 것입니다(요 3:16). 예수님은 너무나 분명하게 "내가 진실로 진실로 너희에게 이르노니 내 말

---

1 이정규, 『새가족반』 (서울: 복있는사람, 2018), 220-24에 나오는 "자녀 삼아 주심"에 대해 읽어보시기 바랍니다.

을 듣고 또 나 보내신 이를 믿는 자는 영생을 얻었고 심판에 이르지 아니하나니 사망에서 생명으로 옮겼느니라(요 5:24)"라고 말씀하십니다. 사망에서 생명으로 옮겨진 자가 다시 생명에서 사망으로 옮겨질까요?

예수님을 믿는 자는 영생을 가졌습니다(요 6:47, 요일 2:25, 요일 5:11-13). 믿음의 성례 통해 예수님과 결합한 사람은 영생을 가졌고 마지막 날에 반드시 주님께서 그를 다시 살리십니다(요 6:53-55). 주님께서 주신 영생은 영원히 멸망하지 아니하는 생명이며, 그것은 절대 빼앗기지 않습니다(요 10:28).

일곱째, 그리스도를 믿어서 칭의 받은 사람은 반드시 최종 심판에서 구원받습니다.[2] 로마서 5장 9절에서 바울 사도는 "그러면 이제 우리가 그의 피로 말미암아 의롭다 하심을 받았으니 더욱 그로 말미암아 진노하심에서 구원을 받을 것이니"라고 가르칩니다. 여기서 "진노하심에서 구원을 받을 것"은 곧 최후 심판에서 구원을 받음을 가리킵니다. 따라서 이 땅에서 예수님을 믿고 칭의를 받은 사람은 반드시 최후 심판 때에 구원을 받습니

---

2 바울에 대한 새 관점 학파의 미래 칭의론에 대한 적절한 비판에 대해서는 박재은, 『칭의, 균형있게 이해하기』 (서울: 부흥과개혁사, 2016), 92-96을 읽어보세요.

다. 이런 측면에서 보자면, 칭의는 최후 심판의 판결에 대한 현재적 선언으로 볼 수가 있는 것입니다.

4. 구원에서 탈락 가능한 것처럼 말하는 듯한 구절들에 대한 설명

우리가 구원에 대해 이해할 때 이런 분명한 가르침들이 성경 해석의 기초가 되어야 합니다. 여기서부터 시작하면 얼핏 보기에 구원에서 탈락할 수 있다고 가르치는 것 같은 구절들을 해결할 수 있기 때문입니다.

첫째, 최종 심판에서 행위에 따라 심판하기 때문에 그때 구원에서 탈락할 수 있다고 가르치는 구절들(마 25:31-46; 롬 2:6-11)은 참된 신자의 경우에는 최종 심판에서 결코 정죄 당하지 않으며 반대로 참된 신자가 아닌 경우에 반드시 정죄를 당한다고 가르치는 구절로 해석해야 합니다. 최종 심판은 행위에 대한 물음이 반드시 있습니다. 하지만 최종 심판에서 하나님께서 원하는 행위는 오직 "그리스도를 믿은 자가 성령 안에서 행한 행위들"입니다(갈 5:5 참조). 그렇기에 그 행위들은 믿음의 표징으로서의 행위이지, 믿음에 뭔가를 더하는 그런 행위가 아닙니다. 구원은 믿음으로 받는 것이지, 행위에 근거해서 받는 것이 아닙니다. 이것은 최후 심판 때에도 마찬가지입니다.

만일 최종 심판에서 정죄 당하지 않는 근거를 "행위"에 잡는다면 "어떤 행위를 얼마나 해야 구원받을 수 있는가?"하는 문제가 불거지게 되어 있습니다. 그럴 경우, 구원받는 자가 생기기 위해서는 둘 중에 하나를 택하게 됩니다. 첫째 경로는 하나님의 의의 기준을 최대한 낮추는 길입니다. 그러나 하나님의 의의 기준이 최종 심판대에서 결코 낮아질 수 없습니다. 하나님은 불변하시기 때문입니다. 둘째 경로는 하나님의 의의 기준을 어떻게든 만족시키기 위해서 부족한 공로적 선행을 위해 잘못된 대안을 내놓는 것입니다. 중세 로마 가톨릭이 그런 신학에 빠져서 면벌부 장사를 하게 된 것입니다.

그러나 성경은 하나님께서는 믿음으로 예수 그리스도의 의를 덧입은 자들을 의롭다 여기신다고 단순하게 가르칩니다. 하나님은 예수님을 믿고서 쌓아간 "행위에 근거하여" 판단하시는 분은 아닙니다. 하나님의 엄위로운 의의 기준은 신자라 할지라도 결코 만족시킬 수 없기 때문입니다(사 64:6, 슥 3:3-4 참조).

최종 심판 때 하나님께서 보시는 것은 "행위"의 분량이나 정도가 아니라 그리스도에 대한 믿음입니다. 그렇다면 신자에게 "행위"는 어떤 의미를 가질까요? 신자의 행위는 그리스도에 대한 "믿음"이 참됨을 보여주는 "징표요 보증이요 열매"입니다. 그렇기 때문에 여기서는 행위의 양이 문제가 되지 않습니다. 또한 행위가 공로가 될 수도 없습니다. 루터가 말하듯이, 성령 안에서 행한 참된 선행이라면 그 선행의 많고 적음, 길고 짧음이 문제가 되지 않습니다. 이것은 감나무에 감이 열 개가 열려도 감나무임을 보여주고, 백 개가 열려도 감나무임을 보여주는 것과 마찬가지입니다.[3] 이 땅에서 그리스도를 믿고 의롭게 된 자들은 최종 심판대에 섰을 때에 비록 행위에 있어서 부족해도 예수 그리스도 때문에 의롭다고 해 주실 것입니다.

물론 그렇다고 해서 우리가 이 땅에서 선행의 실천을 등한히 해서는 안 됩니다. 루터나 칼뱅은 구원받았다고 하면서 아무렇게나 사는 사람들을 향해서 "당신은 아직 구원의 의미를 모르고 있소."라고 대답했을 것입니다. 참된 하나님의 백성들은 하나님께서 원하시는 뜻에 따라 순종하면서 살려고 노력하게 되어 있습니다. 그리스도와 연합한 사람이 어떻게 아무렇게나 살 수 있겠습니까? 결코 그럴 수 없습니다. 신자는 그리스도의 뜻에 따라 살게 됩니다.

이와 더불어서 최종 심판대에서의 차등적인 판결이 있음을 가르치는 구절들(고전 3:10-15)은 구원이 아니라 상급과 관련해서 그렇다고 이해할 수 있습니다. 물론 상급의 형태가 어떠할 것인지에 대해서는 따로 토의할 문제입니다. 차등 상급이 계급

---

3   우병훈, 『처음 만나는 루터』 (서울: IVP, 2017), 243-45 참조.

적 위계질서를 낳는 형태여서는 안 된다는 것, 또한 상급이 물질적인 것으로 쉽게 단정할 수는 없다는 것을 일단 알아야 합니다. 영원한 천국은 완성이요 충만이기 때문에 위계질서를 생각할 수는 없습니다. 그래서 아마도 상급은 서로를 더 섬길 기회를 주시는 것과 관련해서 생각해 볼 수 있습니다.

둘째, 신자가 이 땅에서 살면서 구원의 길에서 도중에 탈락할 수 있다고 가르치는 것 같은 구절들(갈 3:3, 딤전 1:19)은 참된 믿음이 있는 자에 대해 말하는 구절이 아닙니다. 이들 본문이 말하는 "구원의 길에서 탈락하는 자들"은 처음부터 참된 믿음이 없었던 것입니다. 이것은 마 25:31-46에서도 마찬가지입니다. 참된 믿음을 가진 자는 하나님께서 지키시기 때문입니다.

산상수훈에서 "나더러 주여 주여 하는 자마다 다 천국에 들어갈 것이 아니요 다만 하늘에 계신 내 아버지의 뜻대로 행하는 자라야 들어가리라(마 7:21)"라는 경고의 말씀도 이런 맥락에서 생각해야 합니다. 최후 심판 때에 행위를 인정받지 못하는 자들은 이미 예수님 믿고 구원받았으나, 신앙생활에서 행위가 부족한 자들을 가리키는 것이 아닙니다. 예수님은 그들을 향하여 "내가 너희를 도무지 알지 못하니 불법을 행하는 자들아 내게서 떠나가라(마 7:23)"라고 하셨습니다. 여기서 "도무지(헬라어, 우데포테) 알지 못한다"라는 말씀은 "전혀 알지 못한다, 한 번도 안 적이 없다"라는 의미입니다. 따라서 마태복음 7장에 나오는 최후 심판 때에 행위를 인정받지 못하는 자들은 예수님을 한 번도 믿어 본 적이 없는 사람들입니다.

히브리서 6장에서 구원의 길에서 탈락할 가능성에 대한 언급들은 실제로 그런 일이 일어날 수 있다고 말하는 것이 아니라, "경고성"으로 말하는 것이라고 볼 수 있습니다(히 6:4-9). 히브리서 기자가 그런 경고 뒤에 "너희에게는 이보다 더 좋은 것 곧 구원에 속한 것이 있음을 확신하노라(히 6:9)"라고 덧붙이는 것도 그런 까닭입니다. 이에 대해서는 아래에서 더욱 자세하게 설명하겠습니다.

갈라디아서의 경우, "성령으로 시작했다가 이제는 육체로 마치겠느냐(갈 3:3)"라고 질문한 것은, 아직까지 그들이 믿음에서 완전히 떠난 것은 아니므로 아직은 기회가 있는 상태에서 경고를 하는 것이라고 볼 수 있습니다.

따라서 참된 믿음을 가진 자가 그 구원의 길에서 결코 탈락할 수 없다는 입장은 위와 같은 설명으로 여전히 견지될 수 있는 입장입니다.

그렇다면 실제로 신앙생활을 하다가 그 길에서 멀어져 버린 사람은 어떻게 생각해야 할까요? 만일 그들이 그 상태로 세상을 떠난다면, 처음부터 바른 믿음을 안 가졌다고 생각해야 합니다. 하지만 여전히 그들이 살아있다면 그리고 그들이 정말 참된 믿음을 가졌다면, 지금은 그렇게 하나님과 멀어져 있어도 언제든지 돌아올 수 있다고 믿어야 합니다. 하나님은 종종 죽음의 자리(death bed)에서도 역사하사 구원을 이루십니다.

셋째, 신자가 구원을 열심히 이뤄가야 한다고 가르치는 구절은 구원의 획득을 위해 노력하라는 말이 아니라, 성화의 삶을 권면하는 구절로 이해해야 합니다. 특별히 그런 구절들은 하나님의 주권적인 도우심을 함께 강조합니다. 대표적으로 빌립보서에서 "두렵고 떨림으로 너희 구원을 이루라(2:12)"라는 말씀은 곧 이어서 "너희 안에서 행하시는 이는 하나님이시니 자기의 기쁘신 뜻을 위하여 너희에게 소원을 두고 행하게 하시나니(2:13)"라는 말씀이 덧붙여져 있습니다. 신앙의 길은 인간의 책임성 있는 반응이 요청되지만, 그것은 어디까지나 하나님의 주권적이고 주도적인 은혜 주심 속에서 이뤄지는 것임을 가르치고 있습니다.

5. 더욱 확실한 구절에서 시작하는 성경해석

이처럼, 참된 믿음을 가진 자는 영원히 하나님께서 지키신다는 구절들("A그룹 구절"이라 부름)에서부터 출발하면, 구원의 길에서 현재든 최종 심판대에서든 탈락될 수 있다고 말하는 것 같은 구절들("B그룹 구절"이라 부름)을 해결할 수 있는 길이 열립니다. 성경에서 더욱 명확한 구절들을 중심으로 더욱 불명

확한 구절들로 접근하는 성경 해석의 원칙을 지키면 원만하게 해결할 수 있는 문제입니다.

그러나 만일 B그룹 구절들에서부터 시작하면 A그룹 구절들을 설명할 수 있는 방법이 전혀 없습니다. 구원에서부터 탈락할 수 있다고 주장하는 사람들이 참된 신자는 영원한 생명을 얻었고(요 5:24, 6:40), 그리스도의 핏값으로 산 자가 되었고(고전 6:20), 그리스도와 죽음과 부활에서 연합했으며(롬 6:5), 하나님의 양자 양녀가 되었고(롬 8:14-15), 성령께서 구원의 보증이 되시며(고후 1:22, 5:5), 그리스도 안에 있기에 결코 정죄함을 받지 않으며(롬 8:1), 장차 진노에서 구원받는다(롬 5:9)는 구절들을 해석할 방법은 없을 것입니다.

따라서 우리는 성경이 모순이 없다는 것을 믿고, 일견 모순처럼 보이는 구절도 최대한 원만하게 이해할 수 있도록 노력해야 합니다. 물론 인간의 이해력이 가진 한계상 성경이 가르치는 모든 가르침을 다 이해하기는 불가능합니다. 하지만 그것은 우리의 이해력의 한계이지 성경이 모순을 가진 책이기 때문에 그런 것은 결코 아닙니다.

6. 가망성 없는 아르뱅주의

A그룹에서 출발하여 B그룹을 이해하려는 입장이 정통 기

독교를 따르며 종교개혁의 신학에 부합하는 좋은 해석입니다. 그리고 B그룹에서 출발하여 A그룹을 무시하거나 약화시키는 입장은 알미니우스주의적이며 반 펠라기우스주의적인 입장입니다. 하지만 그들은 적어도 성경의 일관성은 믿고 있습니다.

하지만 A그룹과 B그룹을 동시에 인정하려고 하는 입장은 겉으로는 성경을 있는 그대로 믿는 것 같이 보이지만 사실상 모순을 그냥 품고 가자는 입장으로서, 건전한 인간의 지성이 받아들일 수 없고 계시의 온전성을 믿는 신자로서는 더더욱 받아들일 수 없으며 교회사를 통해서도 가망성 없는 입장으로 판명이 난 견해입니다. 아르뱅주의자들의 입장이 지금 이 마지막 입장입니다.

7. 히브리서의 경고 본문 해석

그렇다면 히브리서에 나오는 경고들은 어떻게 해석하는 것이 좋을까요? 히브리서 기자는 복음을 제시한 후에 윤리적 권면을 하고, 또 경고를 제시합니다. 특별히 아주 무서운 경고들이 이곳저곳에서 나온다는 것이 히브리서의 특징입니다. 히브리서 10장 26-27절에도 보시면 아주 무서운 말씀이 나옵니다.

우리가 진리를 아는 지식을 받은 후 짐짓 죄를 범한즉 다시 속

> 죄하는 제사가 없고 오직 무서운 마음으로 심판을 기다리는 것
> 과 대적하는 자를 태울 맹렬한 불만 있으리라
>
> (히 10:26-27)

우리가 복음을 받은 이후에 "짐짓 죄를 범한즉" 다시는 속죄하는 제사가 없다고 합니다. 여기에서 "짐짓 죄를 범한다"는 것은 의도적으로 지속적인 죄를 짓는다는 뜻입니다. 모든 죄는 악하고 나쁜 것입니다. 하지만 의도적으로 지속적인 죄를 범하는 것은 하나님 보시기에 가장 악한 것입니다. 특별히 복음을 믿는 사람이 그렇게 의도적으로 지속적인 죄를 짓는다면 그것은 하나님의 성령을 모독하는 행위이며, 그런 사람에게는 하나님의 무서운 심판만이 기다리고 있을 것입니다.

여기에서 우리는 한 가지 질문이 떠오릅니다. "과연 예수 그리스도를 참되게 믿는 사람이 죄에 빠지고 구원에서부터 탈락될 수 있는가?" 하는 것입니다. 이와 함께 늘 언급되는 본문이 히브리서 6장 4절부터 9절까지의 말씀입니다.

> 한 번 빛을 받고 하늘의 은사를 맛보고 성령에 참여한 바 되고
> 하나님의 선한 말씀과 내세의 능력을 맛보고도 타락한 자들은
> 다시 새롭게 하여 회개하게 할 수 없나니 이는 그들이 하나님의
> 아들을 다시 십자가에 못 박아 드러내 놓고 욕되게 함이라 땅이
> 그 위에 자주 내리는 비를 흡수하여 밭 가는 자들이 쓰기에 합
> 당한 채소를 내면 하나님께 복을 받고 만일 가시와 엉겅퀴를 내
> 면 버림을 당하고 저주함에 가까워 그 마지막은 불사름이 되리

라 사랑하는 자들아 우리가 이같이 말하나 너희에게는 이보다
더 좋은 것 곧 구원에 속한 것이 있음을 확신하노라

(히 6:4-9)

이 본문에 대한 해석은 세 가지가 있습니다.[4]

첫째, 알미니우스적 해석입니다. 이 해석은 여기 나오는 표현들 즉, "한 번 빛을 받고, 하늘의 은사를 맛보고, 성령에 참여한 바 되고, 하나님의 선한 말씀과 내세의 능력을 맛보는 것"은 참된 믿음을 가진 자들에 대한 묘사라고 봅니다. 따라서 그들에 대한 경고도 실제적이라는 것입니다. 즉, 실제로 참된 믿음을 가진 사람도 구원의 길에서 탈락할 수 있다는 견해입니다. 이 견해는 본문에 대해 잘 설명하는 것 같지만, 구원의 확실성을 가르치는 성경의 다른 구절들(요 6:37-40, 롬 8:28-39, 행 20:28, 고전 6:19-20, 고전 7:23, 벧후 2:1, 계 5:9, 롬 8:15, 갈 4:6, 엡 1:5, 롬 5:9 등)과 충돌됩니다.

히브리서는 그리스도께서 우리를 위한 대제사장이 되시고, 자기 몸을 우리를 위해 영단번의 제사로 드리셨다고 가르칩니

---

4 이 문제에 대한 보다 자세한 설명은 토머스 슈라이너, 『토머스 슈라이너 히브리서 주석』, 장호준 옮김 (서울: 복있는사람, 2016), 698-714를 보세요.

다. 그렇다면 그런 제사의 효력이 과연 무효가 될 수 있을까요? 또한 예수님은 "내게 오는 자는 내가 결코 내쫓지 아니하리라"라고 말씀하십니다(요 6:37-40). 또한, "내가 그들에게 영생을 주노니 영원히 멸망하지 아니할 것이요 또 그들을 내 손에서 빼앗을 자가 없느니라"라고 말씀하십니다(요 10:28-30). 너무나 유명한 로마서 말씀에서, 그 어떤 피조물이라도 우리를 우리 주 그리스도 예수 안에 있는 하나님의 사랑에서 끊을 수 없다고 가르칩니다(롬 8:28-39). 우리 안에서 구원의 일을 시작하신 하나님은 그리스도 예수의 날까지 이루십니다(빌 1:6, 살전 5:24).

또한 성경은 하나님께서 그리스도의 보혈로 우리를 사셨다고 합니다(행 20:28, 고전 6:19-20, 고전 7:23, 벧후 2:1, 계 5:9). 하나님께서 우리를 사신 것은 할부로 사신 것입니까? 절대 아니지요. 우리의 몸과 영혼을 온전히 그리스도의 핏값으로 사신 것입니다. 그렇기에 우리의 구원은 결코 취소될 수 없습니다. 성경은 우리가 예수님을 믿을 때에 하나님의 양자 양녀가 된다고 가르칩니다(롬 8:15, 갈 4:6, 엡 1:5). 세상 사람들도 양자로 삼은 이를 중간에 버린다는 것에 대해 옳지 않게 여깁니다. 하물며 하나님께서 양자 양녀로 삼은 우리를 중간에 버리실까요? 결코 그렇지 않습니다.

또한 로마서 6장 1-14절에서는 그리스도와 연합한 자는 의롭다 하심을 얻었고(6-7절), 최후 심판 때까지 확실하게 보호

받을 것이라고 가르칩니다(8-9절). 그리스도와 연합한 신자가 과연 그 연합 관계가 깨어질 수가 있습니까? 전혀 그렇지 않습니다. 신자가 받은 생명은 영생입니다(요 6:47, 요일 2:25, 요일 5:11-13). 영생은 말 그대로 영원한 생명입니다. 중간에 취소되거나 없어지는 그런 생명이 아닙니다. 예수님께서 믿는 자에게 주신 영생은 영원히 멸망하지 아니하는 생명이며, 그것은 절대 빼앗기지 않습니다(요 10:28). 그렇기에 알미니우스적인 해석은 틀린 것입니다.

둘째, 칼뱅의 해석입니다. 칼뱅은 16세기 종교개혁자입니다. 그는 여기에서 말하는 자들은 실제로 참된 믿음을 가진 적이 없는 사람들이라고 봅니다. 그들은 처음부터 가짜 믿음을 가졌기에 구원을 약간 맛보았지만 그 길에서 탈락할 수 있다는 해석입니다. 그에 따르면, "한 번 빛을 받고, 하늘의 은사를 맛보고, 성령에 참여한 바 되고, 하나님의 선한 말씀과 내세의 능력을 맛보는 것"은 아직 결정적인 믿음의 요소가 아닙니다. 실제로 복음서나 사도행전을 보면 복음과 성령의 기적을 체험하여 잠시 잠깐 긍정적인 반응을 보였지만, 완전한 회심에 이르지 못한 사람들이 나옵니다(마 7:21-23[주의 이름으로 선지자 노릇을 하고 귀신을 쫓아내고 권능을 행했지만 주님이 알지 못하는 자들]; 눅 8:4-15[씨 뿌리는 자의 비유]; 요 8:30-47[완고한 유대인들]; 행 8:13-24[돈으로 성령의 능력을 사고자 했던 시몬]). 그리고 이 단락에서는 히브리서에서 참된 믿음을 보여주는 중요한 개념들 곧 거룩하게 하심(2:10; 10:10, 14), 온전하게 하심(10:14, 11:40; 12:23), 구원(5:9; 7:25; 9:28)과 같은 용어들이 안 나온다는 것도, 여기에 묘사된 사람들이 아직 구원에 이르지 못한 사람들이라는 것을 말해 줍니다.[5]

그런데 칼뱅의 해석도 단점이 있습니다. 우선, 여기에서 "한 번 빛을 받고, 하늘의 은사를 맛보고, 성령에 참여한 바 되고, 하나님의 선한 말씀과 내세의 능력을 맛보는 것"이 신앙을 아직 가지지 못한 자들에 대한 묘사인지가 확실하지 않습니다. 또한, 만일 그렇다고 한다면 경고가 가지는 힘이 약화될 것입니다. 믿지 않는 자들에게 하는 경고가 히브리서의 수신자들인 신자들에게 무슨 소용이 있습니까? 그리고 그렇게 처음부터 믿음이 없는 자들이 "타락"하며, "다시 새롭게 하여 회개할 수 없다"는 것이 좀 이상하지 않습니까? 타락한다는 것은 믿음이 있는 자들에게 적절한 표현입니다. 다시 새롭게 하여 회개한다는 것도 이전에 회개를 한 자들에게 의미가 있는 표현입니다. 그래서 칼뱅의

---

5 이상의 설명에 대해서는 D. A. 카슨 편집, 『성경신학 스터디 바이블』, 박세혁 외 옮김 (서울: 복있는사람, 2021), 2461을 보세요.

해석도 약점이 있음을 알게 됩니다.

셋째, 수정된 칼뱅주의적 해석입니다. 이 해석은 여기에서 말하는 자들은 참된 믿음을 가진 자들인데, 그 사람들에게 "경고성"으로 말하는 것이라는 해석입니다. 참된 믿음을 가진 자들이라도 신앙을 저버린다면 하나님은 "권리상"(de iure) 그들을 영벌하실 수 있습니다. 하지만, 참된 믿음이 있는 사람들이라면 이런 경고성 말씀을 들을 때 반드시 돌이켜 회개하게 되어 있으므로, "사실상"(de facto) 참된 믿음을 가진 자가 구원에서 탈락할 일은 없습니다. 히브리서 기자가 그런 경고 뒤에 "너희에게는 이보다 더 좋은 것 곧 구원에 속한 것이 있음을 확신하노라(히 6:9)"라고 덧붙이는 것도 그런 까닭입니다.

실제로 믿음이 있는 사람이 타락한다면 절대 돌이킬 수 없다는 것은 사실이며 참입니다. "이는 그들이 하나님의 아들을 다시 십자가에 못 박아 드러내 놓고 욕되게 함"이기 때문입니다. 하지만 실제로 참된 믿음을 가진 사람들은 이 정도의 무서운 경고의 말씀을 들으면 즉시 자신을 돌아보게 되어 있습니다. 그리고 하나님께 다시 돌이키고 회개하게 되어 있습니다. 그래서 히브리서 기자는 6장 9절에서 "사랑하는 자들아 우리가 이같이 말하나 너희에게는 이보다 더 좋은 것 곧 구원에 속한 것이 있음을 확신하노라"라고 말씀하는 것입니다.

저는 세 번째 해석이 좋은 해석이라고 생각합니다. 이 해석을 수정된 칼뱅주의적 해석이라고 부르는 이유는, 칼뱅과 마찬가지로 참된 믿음을 가진 사람이 절대로 구원에서 탈락하지 않는다고 본다는 점에서는 동일하기 때문입니다.

히브리서 기자는 10장에서도 무서운 경고를 주고 있습니다. 10장 31절에 "살아 계신 하나님의 손에 빠져 들어가는 것이" 무섭다고 말씀합니다. 여러분, 소멸하는 불이신 하나님의 손에 빠져 들어가는 것을 상상해 보십시오. 얼마나 무섭습니까? 이에 대해 조나단 에드워즈의 설교, 『진노한 하나님의 손에 붙들린 죄인들』을 한번 읽어보십시오.[6] 정말 밤에 잠이 안 올 것입니다. 하지만 그와 동시에 히브리서 기자는 10장 32절에서 "전날에 너희가 빛을 받은 후에 고난의 큰 싸움을 견디어 낸 것을 생각하라"라고 말하면서 그들의 믿음을 다시금 상기시키고 있습니다. 또한 39절에서 "우리는 뒤로 물러가 멸망할 자가 아니요 오직 영혼을 구원함에 이르는 믿음을 가진 자니라"라고 말하면서 그들을 격려하고 있습니다.

이것은 무엇을 뜻합니까? 하나님께서 주시는 경고는 매우 실제적인 것이지만, 동시에 위로가 있다는 것입니다. 우리가 그

---

6   조나단 에드워즈, 『진노한 하나님의 손에 붙들린 죄인들』, 안보현 옮김 (서울: 생명의말씀사, 2017).

경고를 받고 돌이키면, 회개하면, 우리는 그런 진노의 대상이 되지 않습니다. 따라서 우리는 히브리서의 이 말씀 앞에서 정말 진지하게 자신을 돌아보고 회개해야 합니다.

회개란 무엇입니까? 여호와께로 돌아가는 것입니다. 유선경 씨가 쓴 『어른의 어휘력』이란 책이 있습니다. 그 책에 이런 대목이 나옵니다.

> 어느 날 새벽 세 시쯤 '왜 너는 너의 내면을 들여다보고 돌봐야 할 시간을 다른 데 허비했느냐.'며 채권자가 빚 독촉하듯 찾아온다. 세상이나 타인에 대한 작동이 제대로 이뤄지지 않는다. 내 인생이 내게 편치 않다. 세상에, 타인에, 내 인생에 나를 이대로 놓아둬도 괜찮은지 자꾸만 의문이 든다. 이대로 놓아두면 내 영혼이 세상과, 타인과, 그리고 나 자신과 버그러지고 바스러져 조각조각 흩어져 버릴 것 같다. 내가 없어진 것 같다. 없어질 것 같다. 비명을 질러도 소리가 나오지 않는다.[7]

저는 이 글을 읽으면서 현대인들의 마음을 이해하게 됐습니다. 바쁘게 살다 보면 자신을 돌아볼 여유가 없습니다. 그런 어느 날 문득 새벽에 잠을 깨어서 자신의 삶을 돌아보면, 자신의

---

7 유선경, 『어른의 어휘력』 (서울: 앤의서재, 2020), 199-200.

삶의 현주소에 대해 안타까움과 부끄러움이 밀려옵니다. 나는 왜 나의 내면을 돌보지 않고 살았는가?'하는 질문이 생깁니다. 그럴 때 우리는 주님께 돌이켜야 합니다.

종교개혁자 마르틴 루터는 죄를 지은 직후에 회개하라고 권면했습니다. 회개는 우리의 현재 상태가 그래도 좀 괜찮다고 생각할 때 하는 것이 아니라, 우리가 정말 무참히 무너졌고 우리 안에 희망이 없다고 생각될 때 해야 하는 것입니다. 왜일까요? 회개는 우리에게 달린 것이 아니라 하나님의 약속에 달린 것이기 때문입니다. 그리스도께서는 언제든지 우리를 기다려 주십니다. 그렇기에 우리는 그리스도의 약속을 믿고, 지금 돌이켜야 합니다.

구원, 그리스도의 선물

〈나눔을 위한 질문〉

1. 참된 신자는 구원에서 결코 떨어지지 않는다는 진리가 우리에게 어떤 위로를 줍니까?

2. 교회에 다니며 신앙생활을 하다가 중간에 멈춘 사람들에 대해서 어떻게 생각하는 것이 좋을까요? 그들이 다시 돌아올 수 있도록 어떻게 도울 수 있을까요?

3. 성경에서 한 번 받은 구원은 영원하다고 가르치는 구절들 가운데 나에게 가장 위로를 주는 구절은 어떤 것인가요?

4. 우리가 자신을 망가뜨리거나 사탄이 우리를 넘어뜨리려는 열심보다, 하나님께서 우리를 붙들어주시는 열심이 더욱 큽니다. 지금까지 신앙생활을 하면서 이것을 깨닫게 된 경험이 있다면 나눠봅시다.

4. 하나님의 은혜에 대한 묵상이 어떻게 나로 하여금 더욱 열심히 신앙생활을 할 수 있게 할까요?

제 5 장

질문과 답변

질문과 답변

그리스도께서 주시는 구원에 대해 다양한 의문들이 생길 수 있습니다. 하나님의 전능과 인간의 자유의지의 문제, 하나님의 은혜를 받는 것과 신앙적으로 열심히 노력하는 것의 관계, 언약과 예정에 대한 그 외의 질문들을 이 장에서 다루고 있습니다.

아래 내용은 본 주제와 연관하여 자주 하는 질문과 그에 대한 답변을 구성한 것입니다.

질문: 개혁주의 언약론은 인간의 능동적 순종과 자유의지를 강조합니다. 이것은 자칫 펠라기우스적인 요소 혹은 알미니우스적인 요소가 되지 않을까요?

답: 먼저 펠라기우스와 알미니우스의 차이가 있음을 알아야 합니다. 펠라기우스(약 354-427)는 아우구스티누스(354-430)의 시대에 살았던 사람입니다. 그는 인간이 스스로

의 힘으로 구원을 이룰 수 있다고 주장하여 이단이 되었습니다. 그는 은혜가 다만 구원을 촉진시키는 역할을 할 뿐이고, 구원에 있어서 필수적인 것은 아니라고 했습니다. 인간이 스스로 얼마든지 구원을 이룰 수 있는데, 은혜가 있으면 좀 더 빨리 그 일을 할 수 있다고 했던 것이지요.

이와 달리 알미니우스는 은혜가 있어야 구원을 받을 수 있다고 했습니다. 알미니우스의 독특한 점은 예지예정(豫知豫定)을 주장한 것입니다. 하나님께서는 영원 전에 어떤 인간이 예수 그리스도를 믿을 것인지를 내다보시고 그들을 예정하셨다는 것입니다. 그리고 이렇게 하나님의 예정을 받은 자들이 실제로 구원을 받을 때는 은혜가 필수라고 알미니우스는 주장했습니다.

개혁파 신학은 펠라기우스의 주장과 알미니우스의 주장 모두를 배격합니다. 개혁파는 오직 하나님께서 예정하셨기 때문에 우리가 예수 그리스도를 믿게 되었고(알미니우스파 배격), 오직 성령님께서 도와주시기 때문에 중생한 신자가 선하게 살아갈 수 있다고 주장합니다(펠라기우스파 배격). 언약적 삶에 있어서 예정론과 성령론을 함께 강조한다는 점에서 개혁파 언약론은 펠라기우스적이지도 않고 알미니우스적이지도 않습니다.

질문: 구원에 대한 세 모델을 칼뱅이 그리스도의 세 직분론에 반영했다고 했는데, 그렇다면 세 번째 모델, 즉 "도덕 감화설"도 역시 반영하고 있는지요? 이 견해는 펠라기우스적 요소가 있다고 했는데, 칼뱅이 그것을 어떻게 생각했는지 알고 싶습니다.

답: 앞에서 말했듯이, 칼뱅이 이 세 모델을 직접 언급하고 있지는 않습니다. 하지만 칼뱅은 세 모델을 알고 있었을 것이며, 자신의 방식대로 『기독교강요』에 반영했습니다. 특별히 세 번째 모델은 중세의 신학자 아벨라르두스가 제안한 것입니다. 인간 의지의 자율성을 어느 정도 인정하고서, 인간이 하나님의 사랑에 감화를 받아, 스스로의 힘으로 하나님께 나아온다는 것이지요.

그리스도의 세 직분 가운데 선지자직은 하나님의 진리와 사랑을 보여준 직분입니다. 그런데 칼뱅의 경우, 인간이 하나님의 사랑을 보고 알게 되는 것은, 오직 성령의 내적 조명으로 말미암아 영적 눈이 떠졌을 때 가능합니다. 그리고 거듭난 신자가 하나님의 사랑을 본받아 사는 것 역시, 오직 성령님께서 은혜를 주셔야 가능합니다. 따라서, 칼뱅은 아벨라르두스의 견해를 오직 성령론적으로 전환시켜서 구원론을 구성했다고 볼 수 있습니다. 따라서 전혀 펠라기우스적이지 않습니다.

질문: 개혁주의 신학에서는 "인간에게 자유의지가 없다"라고 주장하기도 하는데 맞습니까?

답: 보통 라틴어 "liberum arbitrium(리베룸 아르비트리움)"
을 자유의지 혹은 자유선택이라고 번역합니다. 저는 자유선택이라는 번역을 더 선호하지만, 관례상 자유의지라고 부르겠습니다. 자유의지를 어떻게 정의하느냐에 따라, 인간에게 그것이 있다고도 없다고도 할 수 있습니다. 만일 인간이 스스로를 구원할 수 있는 능력을 자유의지라고 한다면, 인간에게는 자유의지가 없습니다. 루터는 그것을 "노예 의지"라고 불렀지요. 하지만, 인간이 일상적으로 살아가는 데 필요한 자유의지가 있느냐 할 때는 얼마든지 있다고 해야 할 것입니다. 개혁파 신학자들 가운데 그 누구도, 인간에게 시민적 삶을 살 수 있는 자유의지가 없다고 본 사람은 없습니다. 다만 하나님께서 요구하시는 선을 행할 수 있는 자유의지, 무엇보다 스스로를 구원할 수 있는 자유의지, 스스로 예수 그리스도를 믿을 수 있는 자유의지는 없습니다.

질문: 중생 이전의 사람이 가진 자유의지와 중생한 사람이 가진 자유의지는 어떻게 다른가요?

답: 모든 사람은 "본성에 따른 자유"를 누리며 살아갑니다. 타락한 인간은 타락한 본성에 따른 자유를 누리며 살아가고, 중생한 사람은 변화된 본성에 따라서 자유를 누리며 살아갑니다. 중생은 인간 본성을 바꾸는 것이기 때문에 중생 이전의 사람이 가진 자유의지와 중생한 사람이 가진 자유의지가 다르다고 할 수 있습니다. 중생한 신자는 자유의지가 발휘될 때 성령께서 함께 하시기 때문에 하나님께서 원하시는 선을 행할 수 있는 힘을 얻게 됩니다.

질문: 하나님께서 작정하신 것은 불변일 텐데, 그 안에 어떻게 인간의 자유의지가 개입될 여지가 있을까요?

답: 먼저 기억해야 할 것은 자유의지에 종류가 있듯이, 작정에도 정도차가 있다는 사실입니다. 『웨스트민스터 신앙고백서』 제5장 "섭리에 관하여"의 2항에서는, 작정 내에 정도차(degree in decree)가 있다고 가르칩니다. 제1원인이신 하나님의 예지와 작정과 관계하여 만물은 변함없이 틀림없이 발생하지만, 동일한 섭리에 의하여, 제2원인의

본성에 따라, 필연적으로나, 자유롭게, 또는 우연하게 사건들이 일어나도록 명령하신다는 겁니다.

우리는 보통 "작정"이라고 하면 기계적인 운명론을 생각하기 쉽지만 그렇지 않습니다. 하나님의 작정은 그 안에 필연, 자유, 우연이라는 세 차원이 있습니다. 그리하여 하나님의 뜻과 인간의 자유의지가 함께 작용할 수 있도록 했습니다.

"필연"이란 것은 "그렇게 되어야만 하는 상황"을 가리킵니다. 하나님께서 예정을 하신 사람은 반드시 구원받는 것과 같은 경우입니다. "자유"란 것은 "그렇게 될 수 있는 상황"을 가리킵니다. 제가 지금 물을 마실 수도 있고 안 마실 수도 있는 가능성이 함께 주어진 경우입니다. "우연"이란 것은 "그렇게 되었지만 얼마든지 그렇게 안 되었을 수도 있는 상황"을 가리킵니다. 콜럼버스가 미대륙을 발견했지만 얼마든지 그렇게 안 될 수도 있었습니다.

"자유"와 "우연"의 차이가 있습니다. "자유"는 행위를 하는 자나 성향을 가진 자에게 초점을 맞춰서 생각하는 것입니다. "우연"이란 주로 사건이나 사태에 초점을 맞춰서 본 것입니다.

특별히, 철학이나 신학에서 "우연적"이라는 말이 "전문용어"로 쓰일 때, "안 생길 수도 있었는데, 생겼다"라는 뜻으로 이해해야 합니다. 그것은 "하나님의 뜻의 밖에서 임의로 생겼다"라는 의미가 아닙니다. 개혁파 신학자들도 "세상이 우연적이다"라는 표현을 쓸 때가 있는데, 이 말은 "하나님께서 세상을 안 만드실 수도 있었는데, 만드셨다"라는 뜻이지, "어쩌다 보니 그렇게 세상이 생기게 됐다"라는 뜻이 아닙니다. 이렇게 전문용어로 쓰일 때, "우연"의 반대말은 "필연"입니다. 필연이란 반드시 그렇게 되는 상황을 가리키기 때문입니다.

보통 우리가 일상적으로 쓰는 "우연"이라는 말은 마치 하나님의 섭리나 통제권을 벗어나 있는 뉘앙스를 주기에 신자들은 잘 쓰지 않지요. 하지만, "전문용어"로서의 "우연"은 그런 뜻이 아니기에, 개혁파 신학자도 쓰고, 신앙고백에도 사용됩니다.[1]

바로 그런 의미의 구분에서, 개혁주의 신학에서는 하나님의 작정 안에는 필연, 자유, 우연이라는 세 가지 차원

---

1 이성호, 『"비록"에서 "아멘"까지: 웨스트민스터 신앙고백 해설』(안성: 그 책의 사람들, 2022), 106에서는 "우연(contingency)"을 "비연(非然)"이라고 번역합니다. 하지만 한자어의 의미가 원래 용어의 의미와 잘 맞지 않고, 학계에서 거의 사용하지 않는 용어라서, "우연"이라는 용어를 그대로 쓰면서 그 의미를 잘 밝혀주는 것이 좋다고 생각합니다.

구원, 그리스도의 선물

이 있다고 말하는 것입니다.

질문: 이러한 작정 개념이 개혁주의 구원론과 어떻게 관련이 됩니까?

답: 개혁파 신학자들은 "우리 삶의 모든 부분에 있어서 하나님의 작정에는 세 가지 층위(필연의 차원, 자유의 차원, 우연의 차원)가 있지만, 적어도 우리의 구원이 시작되는 것에 있어서만큼은 필연성만이 작용한다."라고 했지요. 그러니까 구원의 시작점은 오직 하나님만이 주도권을 갖고 계신다는 것입니다.

이 지점에서 개혁파 작정론이 적어도 구원에 있어서는 일종의 결정론인가 물을 수 있습니다. "결정론적 요소를 갖고 있긴 한데 형이상학적 결정론은 아니다"라고 할 수 있습니다. "결정론적인 요소"가 있다는 것은 구원을 받을 때 오직 하나님의 뜻 안에서 그분의 은혜로만 구원받기 때문입니다.

하지만 "형이상학적 결정론"은 아니라고 할 수 있습니다. "형이상학적 결정론"이란 만사가 기계적으로 다 정해져 있어서, 최초의 원인 하나로 모든 것이 다 결정되어 있다는 것입니다. 구원은 "형이상학적 결정론"이 아니라고 할 수 있습니다. 구원 문제 외의 일에 있어 인간과 다른 피조물의 자유를 허용하고 있고, 구원 문제에 있어서도 일단 하나님이 구원을 시작하신 이후에는 인간의 반응을 중요시하기 때문입니다.

그러니까 구원은 하나님이 주시지만, 그 구원을 어떻게 누리는가 하는 것은 우리의 책임성이 따른다는 말입니다. 같은 신자라고 하더라도 신앙생활하는 양상은 엄청나게 다를 수 있기 때문입니다.

질문: 구약에 나오는 언약에 대한 다양한 명칭들이 있는데, 개혁신학에서는 어떻게 정의를 내리는지요?

답: 언약 신학은 16세기 초에 기초적인 논의가 시작되었고, 16세기 중반부터 단일 주제로서 다뤄지기 시작했습니다. 이후 거의 두 세기가 지나기까지 긴 발전의 과정을 거쳤습니다. 수백 명의 개혁신학자들이 언약을 다뤘는데, 그들의 견해가 다 같은 것은 아니었습니다. 하지만 그들 모두 성경에 나오는 언약에 대한 내용을 중심으로 언약론을 전개했다는 점은 일치했습니다. 17세기 말까지 언약 신학에 대한 용어는 거의 확정이 안 되었습니다. 『웨스트민스터 신앙고백서』가 언약을 크게 "행위 언약"과 "은

혜 언약"으로 나누었지만, 그 이후에도 언약들에 대한 다양한 명칭들이 있었습니다. 한 예로, 아담과 맺은 언약을 행위 언약, 자연 언약,[2] 우정 언약, 창조 언약, 타락 전 언약 등으로 불렀습니다. 그 외에도 노아와 맺은 자연 언약, 그리스도와 맺은 은혜 언약, 삼위 하나님 내적 언약인 구속 언약(pactum salutis), 화목 언약 등에 대한 논의가 있었습니다.

성경에 언약이 몇 가지나 나오는가 하는 질문에 대해서도 대답이 달랐습니다. 오직 은혜 언약만 나온다고 주장한 이들도 있었고, 행위 언약과 은혜 언약의 두 가지 언약을 주장한 이도 있었고, 구원 언약 / 행위 언약 / 은혜 언약으로 세 가지 구도를 선호한 이들도 있었습니다. 최

---

2 개혁주의 신학자였던 헤르만 빗치우스(Hermann Witsius, 1636-1708)와 존 볼(John Ball, 1585-1640)은, 아담과 맺은 "행위 언약"과 "자연 언약"을 동의어로 사용했습니다. "자연 언약"과 더불어 "자연법"에 대한 논의도 발전했습니다. 개혁주의와 루터파에서 "자연법"에 대한 이해와 그 발전에 대해서는 아래 문헌들을 참조하세요. Stephen John Grabill, *Rediscovering the Natural Law in Reformed Theological Ethics* (Grand Rapids, MI: Eerdmans, 2006); B. Hoon Woo, "Pannenberg's Understanding of the Natural Law," *Studies in Christian Ethics* 25, no. 3 (2012): 346-366.

근의 개혁신학자들은 아담과 맺은 언약, 노아와 맺은 언약, 아브라함과 맺은 언약, 모세와 맺은 언약, 다윗과 맺은 언약, 새 언약 등등으로 나누었습니다. 성경에서 언약에 대해 가르치는 내용이 풍성하기 때문에, 이렇게 다양한 견해들이 있는 것은 정상이라 생각합니다. 성경의 가르침에만 합치한다면, 용어상의 차이는 허용할 수 있습니다.

질문: 성경에서는 하나님께서 예정하셔서 구원 얻는다고 말하기도 하고, 또한 끝까지 견디는 자들만이 구원받는다고 하기도 하는데, 어떻게 조화가 될까요?

답: 마가복음 13장 20절에서 예수님은 종말의 때에 큰 환란의 시기가 있으리라 경고하시면서, "만일 주께서 그날들을 감하지 아니하셨더라면 모든 육체가 구원을 얻지 못할 것이거늘 자기가 택하신 자들을 위하여 그날들을 감하셨느니라."라고 말씀하십니다. 환란의 때에 끝까지 믿음으로 견디는 자들이 구원받는 것이 사실이지만, 그들이 구원받도록 하나님은 모든 상황을 조정하고 계십니다. 따라서, 우리가 두렵고 떨림으로 구원을 이뤄가는 것은 맞지만, 더욱 근본적으로 우리를 택정하신 하나님께서 우

리가 구원받도록 이끌어 가시고 도우신다고 보는 것도 마찬가지로 진리입니다. 성경은 이 두 사실을 모순된다고 보지 않으며, 개혁파 신학도 예정론과 언약론 속에서 이 두 가지 진리를 통합했습니다.

질문: 하나님의 작정과 아담의 타락을 어떻게 조화시킬 수 있을까요? 하나님께서 모든 것을 작정해 놓으셨다면, 아담이 타락한 것에 대해 하나님께서도 책임을 져야 하는 것 아닌가요?

답: 먼저 기억해야 할 것은, 아담이 타락할 것을 하나님께서 미리 알고 계셨지만, 하나님께서 알고 계신 것과 그것이 일어나도록 의지적이고 적극적으로 역사하신 것은 다르다는 사실입니다. 그것은 비유하자면 마을버스가 내일 아침에도 우리 집 앞을 지나갈 것을 내가 알더라도 내가 실제로 그 마을버스가 내일 아침에 우리 집 앞을 지나가도록 만들지 않는 것과 비슷합니다. 인간에게도 지식과 의지에 차이가 있듯이, 하나님이 어떤 사실을 아시는 것과 그것이 일어나도록 직접 만드시는 것은 차이가 있습니다. 아담이 죄를 짓도록 하나님께서 직접 만드신 것은 결코 아닙니다. 그렇게 된다면 하나님은 "죄의 조성자

(the author of sin)"가 되실 것입니다. 하지만 하나님은 결코 아담의 죄를 만드신 분이 아닙니다.

"작정"의 개념에서 이것을 설명한다면, 필연과 자유와 우연의 세 차원 중에, 아담의 타락을 하나님께서 필연적으로 정해 놓으신 것으로 생각해서는 안 됩니다. 그것은 아담의 "자유"와 관련한 일이었으며, 아담의 타락 자체는 "우연적 사건" 즉 안 일어날 수도 있었는데 일어난 사건으로 보아야 합니다.

그렇다면, 왜 하나님은 아담이 타락하도록 내버려 두셨을까요? 이 질문은 어려운 문제이고, 신학 역사 속에서도 다양한 답변들이 주어졌습니다. 저는 그중에 몇 가지만 설명하고자 합니다.

첫째는 아우구스티누스의 견해입니다. 그는 『믿음, 소망, 사랑에 대한 기독교 신앙 요약』 95-96장에서, 아담이 타락한 것은 하나님의 적극적인 의지에 의해서 생긴 일이 아니라, "허용"에 의해서 생긴 일이라고 했습니다. 즉 하나님은 인간에게 자유의지를 주셨기 때문에 타락할 가능성 역시도 허용하셨고, 실제로 아담이 타락할 때에 그렇게 되도록 허용하셨다는 것입니다. 많은 개혁파 신학자들이 이런 견해를 따르고 있습니다. 그들은 하나님의 의지에는 적극적 의지와 소극적 의지가 있으며, 죄를 허용하는 것은 소극적 의지에 속한 일이라고 설명했습니다.

둘째는 토마스 아퀴나스의 견해입니다. 아퀴나스는 전형적인 스콜라 방식을 사용하여, 죄에 대한 1차적 원인과 2차적 원인을 나누어 설명합니다(『신학대전』 Ia, q. 49). 그는 만물을 작정하시는 하나님께 모든 2차적 원인들이 의존하고 있다는 점에서만큼은 하나님을 악의 원인자라고 말할 수는 있지만, 하나님은 절대적으로 선하신 분이시기에 하나님을 탓할 수는 없다고 주장합니다. 인간의 타락은 아담의 불순종이라는 2차적이고 직접적인 원인에서 기인했기 때문에, 인간이 이에 대해서 책임을 져야 한다고 아퀴나스는 주장합니다.

셋째는 칼뱅의 견해입니다. 칼뱅은 다른 개혁주의 신학자들과는 달리 "허용"이라는 개념을 싫어했습니다. 그는 "허용"이라는 개념이 하나님을 아주 수동적으로 만든다고 생각했습니다. 그는 하나님에게 있어서는 "뜻하심"과 "허용하심"이 동일한 것이라고 주장했습니다(『기독교 강요』 3.23.8). 그리고 적극적 의지와 소극적 의지의 개념은 하나님에게 적용하기 힘들다고 생각했습니다. 칼뱅은 하나님은 팔짱을 끼고 지켜보시는 것이 아니라, 일종의 "열쇠 관리자"로서 적극적으로 모든 사건을 지배하신다고 했습니다(1.16.4). 하지만 칼뱅 역시, "고통은 하나님의 영원한 섭리에 근거해 있지만, 그것이 생기는 가까운 원인은 하나님께 있는 것이 아니라 인간에게 있다"라고 하여, 하나님께 죄의 책임을 묻는 것을 금했습니다(3.23.9). 그와 동시에 칼뱅은, "모든 사건의 참된 원인은 인간에게는 감추어져 있다"라고 하여, 이 세상에 있는 악의 원인이나 불행과 고통의 이유에 대해서 계속해서 따지고 묻는 것은 오히려 비성경적이며 피해야 할 일이라고 말했습니다(1.16.9).

넷째는 조나단 에드워즈(1703-1758)의 견해입니다. 에드워즈는 하나님께서 이 세상에 죄가 들어오도록 놔두셨지만, 동시에 악한 세상을 구원하실 때에 아들의 속죄를 통해서 구원하심으로써, 더욱 큰 하나님의 사랑이 드러났다고 주장합니다. 왜냐하면 십자가를 통해서 인간은 하나님의 무한한 사랑, 자신을 내어주시는 사랑을 알게 되었기 때문입니다. 그는 아래와 같이 설교했습니다.

"만일 인간이 타락하지 않았다면 하나님은 인간의 친구로 남았을 것입니다. 인간은 하나님의 은혜를 누렸을 것이고, 그리스도의 은혜의 대상이 되었을 것입니다. 삼위 하나님의 삼위 모두의 은혜를 받았을 것입니다. 그러나 이제 그리스도께서 우리의 보증과 구주가 되시고, 우리의 본성을 취하심으로써, 그리스도와 우리와의 연합이 아주 다른 관계가 되었습니다. 다른 어떤 관계로도 더 가

까울 수 없는 관계가 되어 버린 것입니다. 타락은 그리스
도께서 우리의 머리가 되시고, 교회가 그분의 몸이 되도
록 하는 결과를 낳았습니다. … 만일 인간이 타락하지 않
았더라면, 하나님의 사랑에 대한 그와 같은 어떤 증거도
있을 수 없었을 것입니다. 그리스도는 세상에 오심으로,
그리고 자기 목숨을 내어주심으로 당신의 사랑을 보이셨
습니다. 이것은 생각할 수 있는 가장 큰 하나님의 사랑입
니다. … 만일 인간이 타락하지 않았더라면 전혀 몰랐을
텐데, 이제 우리 성도들은 영원토록 묵상해도 여전히 기
쁨의 주제가 되는 가장 큰 사랑, 즉 죽기까지 사랑하시는
그리스도의 사랑을 알게 되었습니다."[3]

에드워즈에 따르면, 타락 그 자체는 아주 안 좋은 일이지
만, 하나님의 섭리 속에서 그리스도의 십자가를 통하여
타락마저도 결국에는 더 큰 선을 낳게 되었습니다.[4]

---

3 Jonathan Edwards, "Wisdom Displayed in Salvation,"
   The Works of President Edwards, vol. IV (New York: Robert
   Carter & Bros., 1881), 154-55. John Kearney, "Jonathan
   Edwards' Account of Adam's First Sin," *Scottish Bulletin of
   Evangelical Theology* 15 (1997), 141에서 재인용.

4 아담의 타락에 대해 하나님의 책임을 묻는 질문에 대해
   하나님을 정당화하고 설명하는 작업을 "신정론"(神正論,
   theodicy)이라고 합니다. 저는 아래의 논문에서 기독교
   역사상 교부, 중세, 종교개혁기의 다양한 신정론을 소개했고,
   특별히 에드워즈의 신정론을 "십자가 신정론"(cross

다섯째는 앨빈 플란팅가(칼빈칼리지, 철학)의 견해입니다. 그에 따르면, 하나님은 자유 의지 없는 세상보다 자유 의지 있는 세상이 더 낫다고 생각하셨습니다. 자유 의지 없는 세상은 죄는 없겠지만, 인간조차 로버트처럼 조정될 것이기 때문이지요. 자유 의지가 있는 세상은 죄가 들어올 가능성은 있겠지만, 인간과 하나님의 인격적 사귐이 가능할 것입니다. 그래서 하나님은 인간이 타락할 가능성이 있지만, 자유의지를 인간에게 허락하신 것입니다. 하지만, 하나님은 자유의지로 말미암아 이 세상에 죄가 들어왔을 때, 악한 세상을 완전히 멸하시는 것보다 남겨두시는 것이 더 낫다고 생각하셨습니다. 그 세상을 완전히 멸하시면 하나님의 창조가 헛된 일로 돌아가 버리기 때문입니다. 그래서 하나님은 십자가를 통하여 인류를 구원하시기로 하셨다고 플란팅가는 설명합니다. 그리고 그 일은 인류에게 참된 사랑을 보여주는 유일하고 훌륭한 모범이 되었다고 주장합니다.[5]

---

theodicy)라고 불렀습니다. B. Hoon Woo, "Is God the Author of Sin? - Jonathan Edwards' Theodicy," *Puritan Reformed Journal* 6.1 (2014): 98-123.

5   Alvin Plantinga, "Supralapsarianism or 'O Felix Culpa'," in

구원, 그리스도의 선물

위의 다섯 가지 견해 모두 성경적인 근거가 있으며, 아담의 타락에 대해 어느 정도 설득력 있는 설명들을 제공해 줍니다.

Christian Faith and the Problem of Evil, ed. Peter van Inwagen (Grand Rapids, MI: Eerdmans, 2005), 1-25. 라틴어 "Felix Culpa"(펠릭스 쿨파)는 "복된 죄악"이라는 의미인데, 아담의 죄가 악한 것이었지만 결과적으로 볼 적에는 더 큰 선을 낳았다는 뜻으로 사용한 표현입니다. 부활절 미사송 가운데 "오 복된 죄악이여, 그토록 위대하고 그토록 크신 구속주를 가지기에 합당할 정도로다"(O felix culpa quae talem et tantum meruit habere redemptorem)라는 노래가 있습니다. 하나님께서 보다 더 큰 선을 이루시기 위해 악을 일시적으로 허용하신 것이라는 논지의 주장을 "보다 더 큰 선의 논증"(the greater good argument)이라고 합니다. 『믿음, 소망, 사랑에 대한 기독교 신앙 요약』(Enchiridion, 27)에서 아우구스티누스는 "하나님은 악이 아예 존재하지 않는 것보다 악으로부터 선을 이뤄내시는 것을 더 좋다고 판단하셨다"라고 했습니다. 토마스 아퀴나스도 역시 "하나님은 악이 생기도록 허용하셨고, 그것으로부터 더 큰 선을 이뤄내셨다"라고 주장했습니다(『신학대전』, III, q.1, a.3, ad 3). 이러한 "보다 더 큰 선의 논증"을 싫어하실 분도 있겠지만, 아담의 타락과 그 이후의 십자가를 회고적으로(retrospectively) 판단할 때에 장점이 있다고 생각합니다.

질문: 구속 언약(pactum salutis)이란 무엇인가요?

답: 구속 언약이란 성부, 성자, 성령께서 영원 전에 인간의 구
원을 위해서 맺은 언약입니다. 타락한 인간을 구원하시
기 위해서 성부께서 성자를 중보자로, 성령을 보증으로
세우신 언약이 구속 언약입니다. 사실, 구속 언약이란 단
어 자체는 성경에 나오지 않습니다. 하지만 구속 언약의
성경적 근거는 분명합니다. 현대 개혁신학자들이 대체
로 동의하는 바에 따르면, 요 10:36, 요 17:4, 엡 1:4, 벧전
1:20 등이 구속 언약의 중요한 근거 구절입니다.[6] 다수의
17세기 개혁신학자는 언약을 셋으로 나누어서 행위언약,
구속 언약, 은혜 언약의 구도 속에서 구원을 설명했습니
다. 헤르만 바빙크, 찰스 핫지, 게르할더스 보스 등도 이
러한 구분을 따르고 있습니다.[7] 구원을 위한 작정을 삼위

---

6   J. 판 헨더렌 & W. H. 펠레마, 『개혁교회 교의학』, 신지철
    옮김 (서울: 새물결플러스, 2018), 349-50을 참조.

7   Geerhardus Vos, *Redemptive History and Biblical
    Interpretation: The Shorter Writings of Geerhardus Vos*, ed.
    Richard B. Gaffin (Phillipsburg, NJ: Presbyterian and
    Reformed Pub. Co., 1980), 248-52; 바빙크, 『개혁교의학』,
    3:259-63 (#346); Charles Hodge, *Systematic Theology*, vol
    2 (Oak Harbor, WA: Logos Research Systems, Inc., 1997),

일체적 언어로 풀어놓은 것이 구속 언약이라고 말할 수도 있습니다. 구속 언약은 은혜 언약의 토대와 기초입니다. 따라서 구속 언약 교리는 성부께서 우리를 사랑하셔서 작정하시고, 성자께서 기꺼이 우리 구원의 중보자가 되어 주시기로 하셨고, 성령께서 우리 구원을 끝까지 보증한다는 진리를 알려줍니다. 그렇기에 구속 언약 교리는 우리가 받은 구원이 얼마나 은혜로운 구원인지를 아주 잘 보여주는 교리입니다.

354-77을 참조.

참고문헌

그리스도의 세 가지 직분

칼뱅, 『기독교강요』, 제 2권 15장.

바빙크, 『개혁교의학』, 제 3권 47장(낮아지신 그리스도의 사역).

Ronald Feenstra, "The Atonement and The Offices of Christ", *Theological Forum*, Vol. XXV, No. 3 (1997). [그리스도의 세 직분을 구원론적으로 잘 풀어낸 글입니다.]

Robert Sherman, King, *Priest, and Prophet: A Trinitarian Theology of Atonement* (New York: T & T Clark International, 2004). [그리스도의 세 직분을 삼위일체와 연결하여 설명한 책입니다.]

우병훈, 『기독교 윤리학』(서울: 복있는사람, 2019), 34-49.

개혁주의 언약사상

마이클 호튼, 『언약 신학』, 백금산 옮김 (서울: 부흥과개혁사, 2009).

원종천, 『청교도 언약사상』 (서울: 대한기독교서회, 2002).

헤르만 바빙크, 『헤르만 바빙크의 찬송의 제사』, 박재은 옮김 (군포: 도서출판 다함, 2020).

Andrew Alexander Woolsey, "Unity and Continuity in Covenantal Thought: A Study in the Reformed Tradition to the Westminster Assembly" (Ph.D. Dissertation, University of Glasgow, 1988). [개혁주의 언약론의 발전사를 잘 담고 있습니다. http://theses.gla.ac.uk/773/에서 무료로 다운 받을 수 있습니다.]

칼뱅의 언약사상

칼뱅, 『기독교강요』, 제 2권 8장 21절; 제 2권 10장 1-5, 8절; 제 2권 11장 4, 11절; 제 3권 17장 6절; 제 3권 21장 5-7절; 제 4권 14장 6절; 4권 15장 22절; 4권 16장 5-6, 14절; 제 4권 17장 20절.

칼뱅, 『칼빈의 신명기 강해 1, 2, 3』, 곽홍석 옮김 (서울: 서로 사랑출판사, 2009-2011).

피터 릴백, 『칼빈의 언약사상』, 원종천 옮김 (서울: CLC, 2009). [칼뱅의 언약사상을 중세와 당시의 신학사적 맥락에서 잘 설명해 놓았습니다.]

Anthony A. Hoekema, "Covenant of Grace in Calvin's Teaching," *Calvin Theological Journal* 2, no. 2 (1967): 133-161. [칼뱅의 언약론을 아주 잘 정리해 놓았습니다.]

예정론

칼뱅, 『기독교강요』 제 3권 21-24장.

바빙크, 『개혁교의학』 제 2권 33장; 제 3권 45장.

한병수, 『거인들의 예정』 (서울: 세움북스, 2022).
마이클 호튼, 『언약적 관점에서 본 개혁주의 조직신학』, 이용중 옮김 (서울: 부흥과개혁사, 2012), 제 25장 교회의 속성. [교회론적 맥락에서 예정론과 언약론의 관계를 잘 엿볼 수 있도록 했습니다.]